更好的沟通

如何通过训练变得更可信、更体贴、更有人脉

[美] 吉姆·奈特 著
Jim Knight

Coaching Ourselves and Each Other to Be More Credible, Caring, and Connected

BETTER CONVERSATIONS

中国青年出版社

图书在版编目（CIP）数据

更好的沟通：如何通过训练变得更可信、更体贴、更有人脉 /（美）吉姆·奈特著；
张淼译. —北京：中国青年出版社，2024.6
书名原文：Better Conversations: Coaching Ourselves and Each Other to Be More Credible, Caring, and Connected
ISBN 978-7-5153-7244-0

Ⅰ. ①更… Ⅱ. ①吉… ②张… Ⅲ. ①教育心理学—研究 Ⅳ. ①G44

中国国家版本馆CIP数据核字（2024）第072108号

更好的沟通：
如何通过训练变得更可信、更体贴、更有人脉

作　　者：[美] 吉姆·奈特
译　　者：张　淼
责任编辑：肖妩嫔
文字编辑：侯雯洁
美术编辑：杜雨萃
出　　版：中国青年出版社
发　　行：北京中青文文化传媒有限公司
电　　话：010-65511272 / 65516873
公司网址：www.cyb.com.cn
购书网址：zqwts.tmall.com
印　　刷：大厂回族自治县益利印刷有限公司
版　　次：2024年6月第1版
印　　次：2024年6月第1次印刷
开　　本：787mm × 1092mm　1/16
字　　数：190千字
印　　张：16.5
京权图字：01-2023-1542
书　　号：ISBN 978-7-5153-7244-0
定　　价：59.90元

将这本书献给我的儿子戴维·奈特博士，

你正在努力通过研究辅导、职业发展的成本效益和一些其他的重要问题来帮助学校为孩子们带来改变，我感到非常自豪。

戴维，现在你是我的导师了。

我很感激你教给我的一切，看到你如何成长为一个完美体现本书中所描述的信念与习惯的人，我感到尤其自豪。

CONTENTS

目 录

PRAISE

赞 誉

我以为我知道该如何交谈，我和别人交谈过几百万次。有些沟通很好，有些就没那么如意了。但我想要进行更棒的沟通，吉姆·奈特在本书中教会了我如何去做。事实证明：更好的沟通是可能的，获得的结果值得你投入。

——道格拉斯·费希尔（Douglas Fisher），

《严谨阅读》（*Rigorous Reading*）合著者

不论教练的角色或地位如何，通过揭示和重塑关于他们如何思考、说话和行动的思维模式，《更好的沟通》会激发教练们的思想、精神和灵魂……我发现自己经常在想，不论是在学校还是在其他地方，这本书几乎会给每一个与他人交往的人都带来诸多帮助。

——乔伦·基利昂（Joellen Killion），

学习前瞻（Learning Forward）公司高级顾问

我读过的书籍多到无法细数。有些是好书，有些很糟糕，只有极少数的作品很优秀。吉姆·奈特的《更好的沟通》是一部杰出的作品。在阅读和学习这本书时，深刻、创新和实用这三个词一直萦绕在我的脑海里。吉姆把沟通视为一门艺术，为我们所有人提供了一些实用的方法，不论我们是什么职位，有多少年的工作经验，我们都可以用自己的声音来改善教学环境以及我们自己！

——拉塞尔·J.夸利亚（Russell J. Quaglia），

夸利亚学生愿望研究所（Quaglia Institute for Student Aspirations）

创始人兼主席

《更好的沟通》正如其名。身为一名教育工作者，我学会了如何沟通以深化信任、意义和行动。作者总结了多位作家目前的想法，这些想法将促使成年人和学生更好地学习。每章末尾的活动表格可用于自我反思、团队学习和在全校范围内集中学习。书中描述了学校里的真实问题，所以这本书对我的职业而言非常重要。

——威廉·萨默斯（William Sommers），

得克萨斯州奥斯汀的一名退休校长、领导力教练

PREFACE

序　言

> 这个过程促使我用同样的方式记录下自己与他人的交谈，就像我为了让其他人获得更深入的理解，让他们参与录制视频一样。反思我的经历就像是送给自己一份礼物。实际上，我很享受在回答问题、思考我的优势以及待提高领域时度过的时间和获得的体验。
>
> ——米歇尔 · 默里（Michelle Murray），
>
> 华盛顿州阿纳科特斯市的一名教学教练

在最近参加的一场演唱会上，我听到安迪 · 古拉霍恩（Andy Gullahorn）唱了一首我很喜欢的歌：《我愿意》（*I Will*）。在这首歌中，他告诉他的朋友们，他将成为他们忠实的朋友。当安迪在演唱会上介绍这首歌时，他说道："我写这首歌不是因为我就是这样的人。我写它是因为我想成为这样的人。"

我怀着同样的想法写出了这本书。书中有我从所在学校开展的沟通研究中几百位参与者那里收获的一些实用观点，还有我从许多写过重要沟通类书籍的智者那里了解到的观点。我喜欢向读者展示这些材料，因为每次展示都会提醒我要做一些我经常会忘记的简单的事情：倾听、关注、关心，寻找我与他人的共同点，表现出同理心，并成为美好事物的见证者。就像安迪 · 古拉霍恩一样，我写这本书不是因为我是这样的人，我写它是为了描述我想成为的那种人。另外，我写这本书也是因为我相信大部分读者都会和我有同样的感觉。我们都想变得更好，但我们都没能做到。我想写一些东西，诚实地承认我们在沟通方面遇到的困难，同时也为大家指明一条前进的道路。

这本书的内容有几处来源。首先，许多观点来自我的其他作品，特别是《教学辅导》（*Instructional Coaching*）的第4章和《确定无疑的影响》（*Unmistakable Impact*）的第7章。如果你读过这些书（非常感谢你），你会在本书中看到一些你曾经看过的观点和表述。从某种程度上来说，这本书收集了我过去写过和说过的关于沟通的所有观点，基于此，我加以扩展。

本书还借鉴了一些睿智而富有洞察力的作者的作品，他们撰写的关于沟通的书里充满了关于如何倾听、建立关系、鼓励他人、控制情绪、分享想法等方面的优秀建议。我的生活因为这些书而变得更好了。

在很大程度上，我应用了很多从自我辅导策略的教育家那里学到的知识，以此作为本书的基础。在验证核心观点（我们可以通过自我辅导来提高沟通技巧）的过程中，我获得了来自世界各地（加拿大、美国、墨西哥、印度、澳大利亚、迪拜和泰国）的大约200名志愿者的帮助。这些人在他们的学校或家里尝试建立了这些沟通习惯，然后与我和影响研究实验室（Impact Research Lab）的同事分享了他们填写的自我辅导表格。

每位志愿者都尝试学习并建立了至少一种本书描述的更好的沟通的习惯，一些志愿者尝试了几种。为了完成这件事，他们阅读了关于这些习惯的描述，然后考虑在未来的沟通中如何将这些习惯付诸实践。接着，他们通常会把自己与他人的交谈录制下来，然后用每章末尾的反思表格分析他们的交谈视频。志愿者通常会继续培养这些习惯，直到他们觉得自己已经掌握，有些人养成了好几个习惯。

在志愿者完成习惯实验后，他们就会填写调查问卷，描述他们的经历。然后，他们会将调查问卷和填写好的反思表格一起发送给影响研究实验室。我和我的同事们总共阅读了1 000多份反思表格。志愿者的评论帮助我完善了表格和学习过程。或许更重要的是，我们收到的书面评论切实地表明，我们每个人都可以学会更好地沟通。每一份反思表格都描绘了每个人是如何做到这一点的。

世界各地的许多人都有过这样的经历（辅导自己改善沟通方式），你也可以而且（我可以这么说吗？）你也应该这么做。本书阐述了你能通过何种方式辅导自己进行更好的沟通，还讲述了人们在沟通方式上取得了真正的、确定无疑的进步的故事。条件允许时，我还会写出那些尝试过“更好的沟通的习惯”的志愿者的名字。不过，在某些情况下，我会使用化名或更改一些细节以保护他们的隐私。我还稍微改变了一些评论的措辞，以提高连贯性或清晰度。所有的引文都经过了志愿者的审阅，以确保本书的表述正确地反映了他们的观点。

本书有多种用法。首先，你可以用它来辅助录制你在各种场所的交谈视频或音频，设定沟通目标，并监督你朝着目标前进，直到实现它们。你可能会希望与朋友或同事分享交谈视频，并与他们一同探索、规划和实践可以帮助大家取得进步的沟通习惯。此外，沟通教练可以使用本书中的习惯和自我辅导表格来指导那些有意提高沟通技能的人。教师、教练、管理人员或其他任何人可能会希望跟着本书一起学习。

第1章

彻底的破裂与更好的沟通

我相信，如果我们重新开始倾听彼此，我们就能改变世界。进行简单、诚实、充满人性的沟通，而非调解、谈判、解决问题、辩论或公开会面。进行简单、真诚的沟通，我们每个人都有机会说话，都感受到被倾听，而且都在用心倾听。

——玛格丽特·惠特利（Margaret Wheatley）

参加“更好的沟通”研究后，我想我已经开始看到一个更好的自己，谁不希望如此呢?

——本·科林斯（Ben Collins），

伊利诺伊州德斯普兰斯市的一名副校长

更好的沟通的习惯

1. 表现出同理心。
2. 带着同理心倾听。
3. 促进对话。
4. 提出更好的问题。
5. 建立情感联系。
6. 成为好事的见证者。
7. 寻找共同点。
8. 控制有害的情绪。
9. 重新引导有害的沟通。
10. 建立信任。

每一天，我都会想起更好的沟通的力量。有时我会受到所见所闻的鼓舞。几年前，我在太平洋西北部的一个学区与一群教学教练探讨同理心，我给每个人布置了晚上的作业，试图让他们以某种具体的方式实践同理心。

第二天早上，在研讨会开始之前，其中一名50多岁的男性参与者来到我面前和我说话。他勉强控制住了自己的情绪，向我讲述了前一天晚上的经历，他大致是这样说的：

> 我得告诉你一些关于昨天我们讨论的同理心的事情。当我们讨论这个话题的时候，我想起了我最好的朋友。五年前我们吵了一架，然后就再也没说过话了。我每天开车上班的路上都会经过他家，光是看到他的房子就会令我恼火。但是，昨天当我们谈到同理心时，我意识到我也有错。昨晚我打电话给他并道了歉。当我这么做的时候，他也对我道了歉。所有的愤怒都消散了。我们又做回了朋友，就好像争吵从来没有发生过一样。

这样的故事带给了我希望，让我相信我们可以进行更好的沟通。

然而，我经常感到气馁。美国国家卫生统计中心（National Center for Health Statistics）在2012年预测，40%—50%的美国婚姻将以离婚告终，尽管还有太多的婚姻不会以离婚告终，但也会走向有名无实。一段感情往往以快乐和希望开始，有时伴有深刻而神圣的承诺，但最终却以痛苦、愤怒和怨恨告终。雪上加霜的是，我们的工作、生活也可能非常艰难。我在学校里见过太多无效的、痛苦的，甚至是充斥着伤害性的沟通。我从家庭和学校听到的故事让我认识到为什么我们需要更好的沟通。

这些关于希望和绝望的故事有一个共同点，那就是沟通是至关重要的。在学校里，更好的沟通可以极大地改善教育工作者和学生的学习状态。当教师的思路更清晰，提出更好的问题，并促进对话时，他们的学生就能学到更多。同样地，当教师倾听学生的话语，找到共同基础，培养信任，并与学生建立联系时，学生在心理上会更有安全感。每个人，不论是成年人还是孩子，当他们被倾听、被尊重、被欢迎时，都会感到更幸福。

更好的沟通也是学校专业学习的核心。那些学习更好地倾听、提问、建立情感联系和促进对话的教学教练的工作会变得更有效。教练的沟通越有效，每个人就能越有效地学习。

沟通对于其他形式的专业学习也是必不可少的。当信任、尊重和清晰的沟通成为文化规范时，教师们会更愿意分享想法和相互学习。更好的沟通将促进合作、团队会议、专业学习共同体以及其他关于教与学的交谈。更好的沟通也会减少痛苦的感受，使人们更多地倾听，更多地表达尊重、友善和坦诚。

学校应该是孩子们体验更安全、更积极、更好的学习过程的地方，因为所有的教育工作者都在努力改善他们的交流方式。因此，我认为让学校变得更好的最重要和最有力的方法之一就是改善我们彼此互动的方式。

有效的沟通是我们职业生涯中必不可少的一部分，但我相信它在我们的个人生活中更为重要。我们大部分的快乐和悲伤都直接来自我们的人际关系，我们人际关系的好坏取决于沟通的好坏。当我们带着同理心倾听，找到共同的纽带，建立情感联系时，我们会发现我们的家庭、工作和社群生活都会变得更好。花时间改善我们的沟通可能是最值得我们去做的一件事，因为我们的成功和幸福在很大程度上取决于我们沟通得有多好，而且我们经常因为失败的沟通而感到沮丧或悲伤。

玛格丽特·惠特利是《互相求助：简单的沟通让未来重拾希望》(*Turning to One Another: Simple Conversations to Restore Hope to the Future*)一书的作者，她描写过我们在沟通方面的挣扎。她用德斯蒙德·图图(Desmond Tutu)的话来描述我们如何与他人互动："我们从来不想独处。但如今，我们是孤独的。我们彼此之间比以往任何时候都更加支离破碎和孤立。德斯蒙德·图图将其描述为'一切存在的彻底破裂'。"

我相信，正如德斯蒙德·图图所说，我们已经"彻底破裂"[①]了，因为尽管我们需要亲密关系，但我们生活在孤立之中，甚至当我们与他人住在同一屋檐下时也常常如此。尽管我们比以往有了更多的联系方式，比如各类社交媒体应用、短信、电子邮件等，但我们的关系已经破裂了。团结是我们的自然状态；而如今的我们是孤立的。更好的沟通可以帮助我们治愈这种彻底的破裂，并重新团结起来。

① 德斯蒙德·图图的评论来自他的作品《没有宽恕就没有未来》(*No Future Without Forgiveness*)。——译者注

我把书名定为《更好的沟通》是出于两个原因。首先，我描述了一些简单明了的步骤，我们可以采取这些步骤来辅导自己进行更好的沟通。有意义的、相互尊重的沟通可以在人与人之间建立一种深刻、牢固、赋予生命，甚至是终身的联系。更好的沟通是维系我们生活中忠诚关系的黏合剂。本书旨在帮助我们更好地培养和维持这种赋权互动。

其次，我选择《更好的沟通》这个书名也是为了强调健康的交流和沟通应该让我们对生活，特别是对我们的人生感觉更好。正如保罗·弗莱雷（Paulo Freire）所写的那样，通过真实的、有意义的互动，我们可以体验到“互通人情的沟通”。这本书的内容是关于我们如何更好地进行沟通，帮助我们成为更好的沟通者和更好的人。这种改进对任何组织和机构都相当重要，因为沟通是所有工作的核心。

什么是更好的沟通？

> 教师当然是艺术家，但艺术家并不意味着他/她可以塑造人，可以塑造他/她的学生。教育工作者在教学中所做的就是使学生有可能成为他们自己。
>
> ——迈尔斯·霍顿（Myles Horton）和保罗·弗莱雷

我在这本书中的许多想法都是在了解了一个在巴西热博阿陶（Jaboatão）长大的小男孩后产生的。这个男孩叫保罗·弗莱雷，尽管他面临着许多困难，但他是个快乐的孩子。1929年的金融危机使保罗在13岁时失去了父亲，当他经历了这些考验，回到学校时，他比同龄人晚了几级。他的大多数同学都不愁吃穿，保罗来学校时显得格格不入，这个来自贫困家庭的孩子穿着不合身的衣服。后来，保罗开始和村里许多最贫困家庭的孩子一起踢足球。他与最贫穷的人一起生活和玩耍的经历带给了他终生的影响。

贫困的童年告诉弗莱雷，他在学校的成功在很大程度上取决于他的生活条件[①]。因此，他致力于改善贫困人群的生活和学习体验，他的主要关注点是教育。后来他成为哈佛大学的一名教授，在他的家乡担任州教育部长，成为世界上最有影响力的教育理论家之一。

在他最著名的著作《被压迫者教育学》中，弗莱雷批评了一种学习方式，即教师用所教的东西“填满”学生，把学生变成有待“填满”的“容器”。弗莱雷把这种方法称为“储蓄式教育”：教师把容器填塞得越满，他们就是越好的教师；容器越温顺地让自己被填满，他们就是越好的学生。弗莱雷说，储蓄式教育是去人性化的，因为它把学生变成了有待填满的物品，而不是真正参与会去赋予自身生命的学习的人。

弗莱雷对教育的批评也适用于交流的形式，在这种形式中，人们将观众视为被影响、被说服，甚至更糟的是，被操纵的对象，而不是沟通中的完全的合作伙伴。我把这种方式称为自上而下的谈话。

自上而下的谈话是有其地位的。如果有人将要被公共汽车撞到（不论是字面上，还是比喻上来说），我们可能不应该问他们对公共汽车有什么看法，而是应该让他们赶紧躲开。我们可能需要用一场自上而下的谈话来教某人如何做一项具体的任务，比如对飞机进行安全检查，或者告诉朋友或同事，他们需要改变对待我们的方式，或者向一个两岁的孩子解释，他

① 如果想了解更多弗莱雷的工作与生活之间的关系，参见加多蒂（Gadotti）1994年的作品。——作者注

不应该把爽身粉涂在爸爸的迈尔斯·戴维斯（Miles Davis）的全新黑胶唱片《泛泛蓝调》（*Kind of Blue*）上。每天，我们在遇到一些人和事的时候，可能是有一些重要的原因，使用自上而下的沟通方式会更好。然而，当更好的沟通会更适合时，我们也常常会直接选择自上而下的沟通方式。

不同于自上而下的沟通方式的另一种方式是更好的沟通，即我把与我交谈的人视为完全的合作伙伴，而不是“听众”。更好的沟通建立在一套信念和一系列习惯的基础上，这些习惯体现了这些信念。更好的沟通可以发生在学校的任何地方：教师对教师，教练对教练，校长对教师，教师对学生，学生对学生，教师对家长。

信念与习惯

> 正如植物是从种子中生长出来的，没有种子是不可能生长的，同样地，人的每一个行为都是从隐藏的思想种子中生长出来的，没有这些思想种子，这些行为是不会出现的。
>
> ——詹姆斯·艾伦（James Allen）

> 总的来说，我更加注意去倾听了……甚至在我不会列入项目组成部分的沟通中，我也会这样做。我发现即使我不想倾听，我也能听，我保持安静的能力提高了。我想人们注意到了最近我在倾听的方面做得更好了，当我不去想接下来该说什么的时候，我了解到了更多。
>
> ——佩奇·芬顿·休斯（Paige Fenton Hughes），
>
> 怀俄明州兰德县怀俄明州教育委员会协调员

有一次，当我在做一场主题是“更好的沟通”的演讲时，一位聪明、年轻的英语教师问了我一个很棒的问题。他说：“我认为真实非常重要，如果我开始真正倾听我的朋友，提出更好的问题，像你建议的那样试着找到共同点，那么他们不会觉得我虚伪吗？我担心尝试学习和实践这些想法可能会让我变得不真实。”

我在当下的回答是，真实和良好的沟通并不相互排斥，真实永远不应该成为沟通不良的借口。但我想要想出一个更好的答案。那天晚上，我在《牛津英语词典》中查了“authentic”（真实）这个词的含义，发现根据《牛津英语词典》的解释，authentic指的是“真实的、实际的、真正的；原始的、第一手的；真切来自它所述的来源”。从这个意义上说，毕加索的真迹是一幅毫无疑问由大师自己画的画作。一个真实的人，应该是一个生活方式与他/她这个人本身完全一致的人。

我试图通过重温大学哲学课程和查阅《斯坦福哲学百科全书》（*Stanford Encyclopedia of Philosophy*）来扩展和加深我对“真实”一词的理解。我想到，我们对真实性的现代理解在很大程度上是由存在主义哲学家的著作所塑造的。例如，克尔凯郭尔（Kierkegaard）对真实性的定义来源于他对上帝的信仰，他将真实的人描述为那些找到信仰，然后以与信仰相一致的方式诚实地生活的人［见《清心志于一事》（*Purity of Heart Is to Will One Thing*）］。

相比之下，尼采（Nietzsche）是基于他的无神论对真实性做出了定义，他把真实的人描述为那些生活不受传统规范和道德约束，而是遵循自己的原则生活的人［见《善恶的彼岸》（*Beyond Good and Evil*）］。在这两种定义中，真实的人被认为是那些知道自己相信什么，并且行动与这些信念一致的人。正如《斯坦福哲学百科全书》所述："说某物是真实的，就是在说它是它所宣称的那样。"

真实包括两个部分：（1）我们说我们是什么样的人；（2）我们是怎么做的。真实绝不仅仅是无意地以某种当下感觉良好的方式做出反应。要成为一名真实的沟通者，我们必须知道我们相信什么，然后必须以一种与这些信念一致的方式行动。因此，通往更好的沟通的旅程实际上是通往真实的旅程。信念和行动（这里指的是习惯）都很重要。

信念。了解我们的信念和习惯不仅仅是保持真实的一种方式，这对于改善我们的沟通方式也至关重要。在浏览了1 000多张沟通反思表格后，我们发现，当人们观看他们的沟通录像时，他们通常会非常惊讶地发现，他们的行为方式与他们认为的有很大不同。例如，我们可能会认为我们想要听别人说话，但自己却说了很多话。

教学教练詹妮·琼斯（Jenni Jones）在观看自己主持会议的视频时发现了这一点。詹妮意识到她没有表达出对同事的尊重。她在反思表上写道，虽然她的语气和问题都表现出了尊重，但她的"面部表情并没有表现出尊重"。詹妮写道："我在提问，但我同时在摇头。哎呀，还要继续改进。"更重要的是，观看视频让詹妮真正了解到她在感受到压力时是如何沟通的。詹妮写道：

> 当我们的交谈进入到比较激烈的部分时，我开始更多地打断别人，也不认可同事们的专业性。我注意到，当我感到有压力时，我会主导谈话。在各种形式的交流中，我需要有意识地去倾听并认可我的同事。当我看视频时，我看得出来我的同事还有很多话要说，但我说服了他们。这不是建立信任应该采用的方式。

视频让我们看到，我们的行为并没有反映我们的信念，但反之，也可能是我们的信念与我们的行为不一致。如果我们不真诚地尊重我们的同事，即使我们的做事方式都是正确的，但沟通往往会是不成功的。我们中的很多人都遇到过这样的人，他们做的事都是对的，但他们的行为缺乏真实性。例如，我们可能会和一个销售人员交谈，他似乎对我们说的话很感兴趣，会认真地听我们说话，但当他意识到我们不会买他销售的东西时，他就不再是一个好的倾听者了。当我们的信念和习惯一致时……当我们所做的与我们所相信的一致时，我们就能开始进行更好的沟通。因此，为了开始更好的沟通，我们需要知道我们所相信的是什么。

知道我们所相信的是什么是改变过程中关键的第一步，因为我们所看到的和所做的都是由我们的假设、原则或信念[①]所塑造出来的（通常甚至是以我们不会注意到的方式）。这个想法并不新鲜；许多人描述过我们的有意识和无意识信念是如何影响我们的生活的。总之，我们的信念是一套我们如何与世界互动的理论。威廉·艾萨克（William Isaac）在《商业对话艺术》中阐述道，我们的理论一直在塑造我们的所见所为：

> 当我们完成任何任务时，比如召开会议、达成协议、管教孩子，甚至是冥想，我们都是根据一套自己认为理所当然可以产生预期结果的规则或想法来行动的。理解这些心照不宣的规则就是我所说的理论。Theory（理论）这个词是从theater这个词的词根thea-衍生而来，thea-的意思是“看”。理论是一种观察方式……然而，如果没有理论这种评估正在发生的事情的方法，我们将永远注定盲目行事，服从于偶然。

① 我在本书中交替使用“假设”和“信念”这两个词。——作者注

我们的信念塑造了我们是谁，我们会做什么。我们可以把它们作为个别来对待，也可以作为组织文化的一部分来对待。埃德加·沙因（Edgar Schein）在《组织文化与领导力》一书中写道，文化从最深层来说也是一套信念：

> 文化作为一组基本假设，为我们定义了应该注意什么，事物意味着什么，如何在情感上对正在发生的事情做出反应，以及在各种情况下该采取什么行动。在形成一套这样的假设（即一个“思想世界”或一张“心理地图”）之后，当我们和那些与自己拥有相同假设的人在一起时，会感到最舒适，而当我们和那些与自己拥有不同假设的人在一起时，我们会感到非常不舒适和脆弱，因为我们要么不理解正在发生的事情，要么更糟糕，我们会误解和曲解他人的行为。

在其他一些出版作品中，我也探讨过伙伴关系的原则，例如，《确定无疑的影响：显著改善教学的伙伴关系法》（*Unmistakable Impact: A Partnership Approach for Dramatically Improving Instruction*）。就其核心而言，伙伴关系是一个简单的理念，即以我们希望被对待的方式对待他人，而且伙伴关系在更好的沟通中处于核心地位。当我们把与我们互动的人视为伙伴时，我们通常会采纳某些更好的沟通的信念。第2章中详细阐述了如下这些信念：

1. 我认为沟通的参与者都是平等的。
2. 我想听其他人想说什么。
3. 我认为人们应当拥有很大的自主权。
4. 我不评判他人。
5. 沟通应该是来来回回的。
6. 沟通应该是赋予生命的。

习惯。我选择用习惯，而非策略、战术或其他描述我们所做事情的词来描述本书中的实践。当然，习惯中有策略。例如，建立情感联系的习惯涉及留意他人表达的建立联系的需要的策略。我选择习惯作为我的关键词，是因为我认为最好把沟通实践想象成一些习惯的集合。实际上，这本书是要帮助我们意识到自己的无效沟通的习惯，这样我们就可以用有效的习惯来取代它们。

很多人在作品中写过习惯。在阅读史蒂芬·柯维（Stephen Covey）的经典著作《高效能人士的七个习惯》时，我第一次开始思考习惯方面的练习。柯维博士阐述道，习惯对我们的行为有很强的控制力，养成正确的习惯对成为一个高效能人士而言至关重要。柯维博士将打破一个习惯的努力比作火箭脱离地球引力所需要的力量，他写道：

> 打破根深蒂固的习惯倾向，比如拖延、缺乏耐心、挑剔或自私，这些违反人类效能的基本原则，不仅仅需要一点意志力和生活中的一些小改变。“（火箭）发射升空”需要付出巨大的努力，但一旦我们摆脱地心引力，我们就拥有了全新的维度的自由。

最近，记者查尔斯·都希格（Charles Duhigg）在《习惯的力量：为什么我们会这样生活，那样工作》一书中总结了许多关于习惯的研究。都希格提供了一些有用的定义。他说，习惯“是我们的大脑自动遵循的公式”；“是我们在某个时刻有意做出的选择，然后停止思考，但继续这样做，常常每天都会做”。我的愿望是这本书能为人们提供一些工具，帮助他们学习和练习更好的沟通的习惯，直到它们成为“我们的大脑自动遵循的公式”。

习惯可能是好的，也可能是坏的。提出好的问题，分享积极的信息，不打断别人的习惯都能让沟通变得更好。但说得太多，居功过多或直接做出消极假设的习惯都是有害的。马歇尔·戈德史密斯（Marshall Goldsmith）在《管理者如何让人长期追随》一书中，特别谈到了习惯和沟通：

> （人们的沟通问题）……不是需要多年治疗或大量药物才能消除的根深蒂固的神经症。通常情况下，它们只是一些行为上的小毛病（我们每天会在工作场所重复许多次的坏习惯），可以通过以下方法治愈：（1）指出它们；（2）展示它们在我们周围人中间造成的破坏；（3）证明通过简单的行为改变，我们可以达到更吸引人的效果。

学习进行更好的沟通

这本书无疑会帮助人们进行更好的沟通，不过前提是他们采纳了一些或所有更好的沟通的信念与习惯。因此，我在本书介绍了一些实践者已采用的学习和内化信念与习惯的方法。你可以独自，或与伙伴、教练、团队、整个组织或机构一起学习更好的沟通的信念与习惯。

改变我们的信念与习惯涉及两种知识：显性知识和隐性知识。显性知识是我们可以描述、讨论和轻松分享的知识，即清单、手册、操作指南和类似本书所描述的知识。相反的，隐性知识是我们拥有但不知道自己拥有的知识。正如第一个描述隐性知识的人，迈克尔·波兰尼（Michael Polanyi）所写的，“我们知道的比我们能说出来的多”。

野中郁次郎（Ikujiro Nonaka）和竹内弘高（Hirotaka Takeuchi）在研究组织学习的经典作品《创造知识的企业：领先企业持续创新的动力》中描述了显性知识和隐性知识在创新和知识共享中的作用。他们写道，显性知识“可以正式而容易地在个体之间传递，（因为它）可以用正式的语言表达，包括语法语句、数学表达式、说明书、手册等”。研究者写道，隐性知识“是一种更重要的知识”。隐性知识“是嵌入个人经验中的个人知识，涉及个人信仰、观点、价值系统等无形因素”。

根据野中郁次郎和竹内弦高的观点，组织学习包括三个阶段，如下图所示：（1）意识到我们当下的隐性信念和习惯（隐性知识）；（2）采纳更好的沟通方式的描述（显性知识）；（3）实践这些想法，直到它们成为新的信念和习惯（再次变为隐性）。

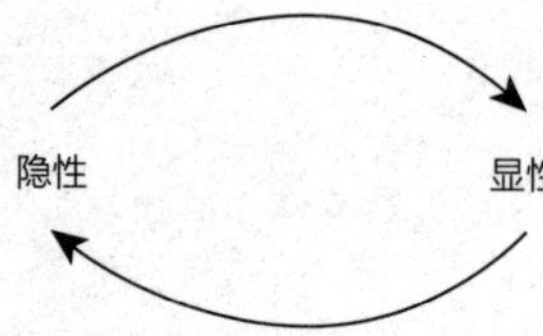

本书为你提供了从隐性知识转换为显性知识，再转换为隐性知识所需的工具，还有其他使用这种方法来提高沟通技巧的践行者做出的评论。例如，来自伊利诺伊州德斯普兰斯的副校长本·科林斯（Ben Collins）告诉我，通过自我辅导形成建立情感联系的习惯对他的个人和职业成长来说至关重要。本告诉我：“在这个过程中，我学会了做一个更友善、更专注的人，如果我没有进行自我辅导，这一切都不会发生。”

一开始，本会录下自己的交谈视频。他发现自己错过了很多与他人建立联系的机会。本在他的训练日志中写道：

> 在自我辅导之前，我不会经常想着和别人建立联系。现在我更善于利用机会与人交往。在过去，我常常让时光流逝，这对我的人际关系的影响可能比我想象的还要大。现在，我拥有了一种雷达，可以感知到何时可以与某人来往，这让我在我的职业和个人生活中更加拥有存在感。

本从不了解自己的习惯或隐性知识，到学习并形成本书中描述的建立情感联系的新习惯，再到练习这些显性实践，直到它们几乎成为他的习惯。正如本在一次谈话中告诉我的："这些想法帮助我成为一个更好的专业人士，帮助我与未婚妻更好地交往。这都是因为我花时间对自己做了自我辅导。"

本能做到的，你也可以。每一章的末尾有三张不同的反思表格，供你学习和采纳更好的沟通的信念与习惯。你可以用"回顾过去"表格来分析交谈，识别已经存在的有效和无效的习惯和信念；用"观察现在"表格来澄清和加深与新习惯有关的知识；用"展望未来"表格来给新习惯的养成制订计划。

学习这些信念和习惯的一个重要部分涉及用智能手机或平板电脑等设备来录制你的交谈视频。如果我们想要做得更好，就需要了解我们当前的现实（我们的信念和习惯）。当需要了解我们是如何沟通的时候，了解真相的最简单的方法就是录下我们自己的交谈视频。

感谢科技的进步，当今现实可以迫使自己去试着做得更好。我们从未像如今这样可以这么容易地训练自己的沟通技巧。任何拥有智能手机或平板电脑的人都可以按下红色的按钮，录下一段交谈的视频（在征得交谈对象同意后），然后看看自己能够多么有效地倾听、建立情感联系、促进对话等。我们口袋里的小设备可以帮助我们清晰地看到当前的现实，设定目标，并监督我们朝这些目标前进。只需付出一点点努力，我们就能迅速、永久、显著地改善自己与他人的关系。本和爱荷华州西得梅因希尔赛德小学的一名教学教练这样说道：

> 我认为你拥有对自己做出判断的最糟糕的视角，直到你能从视频提供的不同角度审视你自己。视频帮助我更好地了解了自己和他人，以及我们之间的交

> 往。我开始注意到，有些时候，某些人在与他人交往时会呈现出一种默认的状态。我开始思考："我想知道那是不是我？"我开始真正地关注别人，在他们说话的时候表示感谢，并确保我展露出更多的微笑。我开始注意到那些会微笑的人，我想更多地和他们待在一起。我注意到我的肢体语言也发生了一些变化。我是一名管理者，我与别人发生过一些非常激烈的交谈。当你试图与别人建立情感联系时，试着做一个好人会大有帮助。
>
> ……
>
> 视频迫使我认真审视我的辅导技能和实践，以及我与同事的关系。通过观察自己与他人的互动，我意识到了视频的真正力量，这让我更愿意、更兴奋地继续使用视频来提高我的沟通技巧。我真的很想倾听教师说的话，这样我们就可以集中精力提高学生的学习能力。如果我改进了，我就能更高效，而自我觉察是做出任何持续改变的关键。视频和自我反思让我意识到我想要改变一些习惯，但如果没有录制视频，我永远不会意识到这一点。

和你六岁的女儿或你的伙伴坐在一起，用手机录下你们的交谈视频，这似乎有点奇怪。事实上，你可能会想要跳过录像这个步骤，因为这件事太不符合我们的日常生活模式了。然而，如果我们的效能和快乐在很大程度上真的取决于有效的沟通，那么也许我们需要克服被录像的尴尬，去做这件事。

一开始，你可以录下一段交谈视频。仅仅看到自己沟通的样子就能成为改变的巨大催化剂。在录下视频之后，你应该通过填写"回顾过去"表格来回顾它。在那之后，你可以通过阅读书中对应的章节和使用"观察现在"表格来加深对你正在学习的习惯的了解。然后你就可以用"展望未来"表格来养成一个新习惯。最后，你可以通过录制新交谈的视频继续练习养成这个习惯并使用“回顾过去”表格来监督自己的进展。如果你用视频和这本书来改进你的沟通习惯，那么你将改进与他人互动的方式，并最终提升你的生活状态。

更好的沟通的信念与习惯可以通过许多不同的方式来实现。最常见的过程如下。

独立完成。大多数学习和实践本书观点的人都是独立完成的。为了实现这一点，他们会录下交谈视频，用“回顾过去”表格来分析他们的交谈，然后用“观察现在”和“展望未来”表格来实现这些观点。

与伙伴一起。两个或两个以上的同事可以一起合作，提高他们的沟通技巧。例如，他们可以只是见面讨论自己学习时的发现，或者可以在完成表格时与他人分享。也许最有效的学习方法是让伙伴们互相分享他们录下的视频和填写好的表格，讨论他们从每一段视频和每张表格中学到了什么，然后一起探讨如何提高双方的沟通技巧。

与教练一起。人们还可以通过与辅导教练一起工作来提高他们的沟通技巧。在这种情况下，教练会对更好的沟通的信念与习惯有深入的了解。教练可以与他人合作，通过观看视频、提出问题来确定目标、准确地阐述习惯、树立习惯、帮助他人养成新习惯，并监督进展，直到目标实现。

与团队一起。与团队一起合作可以学到很多东西。通常情况下，当团队开会时，会有一名团队成员分享自己的视频，并主持大家讨论什么做法可行，什么做法不可行，以及未来可以采取什么不同做法。团队成员还可以完成并分享他们的“回顾过去”、“观察现在”和“展望未来”表格。

与一个组织一起。一所学校或一个地区可以共同合作，学习更好的沟通的信念与习惯。可以从召开教学辅导小组的顾问研讨会开始，或选择其他的方式。当人们了解了更好的沟通的信念与习惯时，他们就可以用上面提到的其中一种方法（独立完成，或与伙伴、教练、团队一起）继续学习前进。

全书精华速览

第2章：更好的沟通的信念。我们的所作所为是我们如何思考和行动的结果，而学习如何进行更好的沟通始于信念。这一章概述了六种信念，它们是更好的沟通的核心。此外还阐述了人们可以做的一些简单的事情，用以揭示和阐明他们的信念是什么，以及他们希望自己的信念是什么。

第3章：带着同理心倾听。最重要的沟通习惯是倾听。当有人用心倾听时，我们会感到被尊重。习惯1，表现出同理心，这是倾听的第一步。习惯2，带着同理心倾听，将同理心的习惯付诸实践。我们可以通过以下方法有效地倾听：（1）投入地倾听；（2）关注他人而不是自己；（3）暂停以确保我们开启沟通而非关闭沟通；（4）不打断。

第4章：促进对话。当两个或两个以上的人以一种能够“一起思考”的方式交流时，他们就是在走向习惯3——促进对话。这个习惯涉及平衡提倡和探询，分享我们的想法，并鼓励其他人说出自己的想法和问题。

第5章：提出更好的问题。我们可以通过问开放式（观点）问题和抱有不评判的态度来改善我们的问题。更好的问题会创造对话，激发好奇心，促进参与，让我们完全处于当下。

第6章：建立联系。约翰·戈特曼（John Gottman）是研究人际关系的全球顶尖专家之一，他认为情感联系是导致健康与不健康沟通的关键变量。戈特曼认为情感联系体现在表达建立联系的需要和对这些表达的反应中，他称之为面向、背向和对抗。习惯5，建立情感联系，涉及学习如何表达与回应建立联系的需要，它们会积极地影响我们与他人对彼此之间联系的感受。

与他人分享积极的信息是建立联系的一种有效方式。然而，我们大多数人分享积极信息的方式可能是无效的。习惯6，成为好事的见证者，涉及通过分享具体、直接和非属性的评论来有效地分享积极的信息。

第7章：寻找共同点。由于我们经常会想到与他人的不同之处，我们可能会过度关注这些不同。习惯7，寻找共同点，涉及一种更好的方法，可以避开彼此之间的明显差异，在共同点的基础上建立我们的关系。我们可以通过思考我们的兴趣、信念、行动、角色和经历（我关心的点）是如何将我们区分开的，或从中找到我们与他人的共同点来做到这一点。

第8章：重新引导有害的话语和情绪。任何组织和机构的文化命脉都是人们说话的方式，所以形成强大领导力的一个任务就是在每一次的沟通中塑造组织文化。有时，可能需要重新引导对学校或学校里的人不利的沟通。我们还必须注意内心的有害情绪。不论你的信念和习惯是什么，如果你不控制自己的情绪，它们就会极大地影响你进行更好的沟通的能力。习惯8，控制有害的情绪，涉及一套简单的策略，我们可以用它：（1）确定我们的情绪何时出现；（2）发现我们做出情绪反应的原因；（3）确定我们可以做些什么来重塑潜在的不稳定沟通；（4）甚至在我们可能有充足的理由表现得情绪化时，也确定如何控制好自己。习惯9，重新引导有害的沟通，包括了解不可接受的沟通类型，并找出人们可以用来重新引导这些沟通的策略。

第9章：建立信任。信任是有意义对话的关键因素。当我们不信任某人时，我们会犹豫是否要保持开放、脆弱或坦率。习惯10，建立信任，涉及通过提高我们的可信度、能力和热情度，以及通过关注他人而非自己来增加信任。

每一章的结尾都有“小结”部分，重申本章中的核心观点，还有“深入阅读”部分，包含了一些推荐读物，你可以阅读这些作品来对每一种习惯获得更多的了解。

第3—9章的末尾有“回顾过去”、“观察现在”和“展望未来”的表格。用好这些表格，可以帮助我们回顾互动和反思所学知识，思考习惯以加深理解，并展望未来以准备养成更好的沟通的习惯。

小结

更好的沟通涉及信念和习惯。更好的沟通的6条核心信念是：（1）我认为沟通的参与者都是平等的；（2）我想听其他人想说什么；（3）我认为人们应当拥有很大的自主权；（4）我不评判他人；（5）沟通应该是来来回回的；（6）沟通应该是赋予生命的。

更好的沟通的10个习惯是：（1）表现出同理心；（2）带着同理心倾听；（3）促进对话；（4）提出更好的问题；（5）建立情感联系；（6）成为好事的见证者；（7）寻找共同点；（8）控制有害的情绪；（9）重新引导有害的沟通；（10）建立信任。

为了内化更好的沟通的信念与习惯，我们需要了解迈克尔·波兰尼所说的隐性知识（我们甚至不自知地拥有的信念和习惯），学习显性知识（本书所讲述的信念和习惯），然后实践它们，直到它们成为隐性知识（我们在沟通中一直会用的习惯）。

我们可以独立完成，或者与伙伴、教练、团队，甚至与一所学校、一个组织、一个机构或一个地区的员工们一起学习更好的沟通的信念与习惯。

深入阅读

有几本基础性的图书深刻地塑造了我对应该如何与他人互动的整体理解。我读过保罗·弗莱雷的《被压迫者教育学》，那时我20岁，是一个相当冷漠的大学生。当我在中学毕业后第一次尝试接受教育时，很少有图书对我产生了影响，但弗莱雷的书完全激发了我的想象力，直到今天仍然如此。弗莱雷用语言描述了我对学习和人际交往的真实感受。他还告诉我，当我们参与沟通，让每个人都能有安全感地分享自己的想法并共同思考时，我们就能帮助人们变得更好。弗莱雷向我展示了反过来也是正确的：当我们不给人们机会表达自己的想法时，我们就使人们失去了人性。

彼得·布洛克（Peter Block）的《管理宝典：服务至上》（*Stewardship: Choosing Service Over Self-Interest*）真正改变了我的世界观，让我认识到当我们与他人互动时，我们应该把自己定位为合作伙伴。伙伴关系已经成为我的工作和生活中最重要的概念之一，它在你们正在阅读的这本书中也扮演着重要的角色。虽然《管理宝典》是一本商业管理图书，但我发现布洛克关于组织权力的观点与学校和课堂有着许多联系。

玛格丽特·惠特利的《互相求助：简单的沟通让未来重拾希望》比其他任何一本书都更能向我传达尊重性对话的潜力。正如副标题所说，惠特利的书是对简单对话力量的美妙而鼓舞人心的证明。《互相求助》不是一本关于策略的书，而更像是一件艺术作品，宣告了我们把彼此当作完整的人来对待是多么重要。

第2章

更好的沟通的信念

个人之间的对话或交谈……必须建立在相互尊重、平等、愿意倾听和冒险表达偏见和观点的基础上。

——理查德 · J. 伯恩斯坦（Richard J. Bernstein）

令人惊讶的是，当我们没有清楚地意识到需要与他人保持良好沟通时，我们往往会进入武断的状态。

——玛丽莲 · 艾伦（Marilyn Allen），

萨斯喀彻温省萨斯卡通市的一名学生服务协调员

更好的沟通的6条信念

1. 我认为沟通的参与者都是平等的。
2. 我想听其他人想说什么。
3. 我认为人们应当拥有很大的自主权。
4. 我不评判他人。
5. 沟通应该是来来回回的。
6. 沟通应该是赋予生命的。

简（Jane）是加拿大阿尔伯塔省北部一个小型农村学区的副校长。在成为一名管理者之前，简想学习教学辅导，在网上搜索后，她发现我们在堪萨斯州劳伦斯市提供了辅导研讨会。她负担不起来堪萨斯的路费，她所在的学区也无法负担这笔费用，所以简开始寻找其他途径来筹集资金。在做了一些调查之后，她发现，如果她能证明自己是一名优秀的教师，就可以获得一笔补助金，这笔钱可以成为她的旅行资金。于是，简写了一份提案，赢得了补助金。

2011年10月，简来到堪萨斯州，参加了我们举办的每一场研讨会。她在两周半的时间里学习了“辅导”“视频与学习”“高影响力的教学”以及“辅导教练”的课程。她还参加了我们的年度教学、学习和辅导研讨会，最后结束了她的访学。简是一位典型的参与者，她聪明机敏、充满热情，并不断尝试尽可能多地学习。当时我们每周上6天课，持续了两周半的时间，我以为简在参加完所有的课程后会很累，但在最后一天简离开时，她比以前任何时候都更加热情饱满。她迫不及待地想回到学校，把所学到的知识付诸实践。

简回家后一直和我保持联系，她邀请我通过即时通讯应用Skype在她的学校发表关于教学的演讲。通常我会拒绝这样做，因为我讨厌坐在房间里听别人用Skype交谈，我想其他人也会有相同的感觉。然而，我无法拒绝简的一再请求。她是一位坚定、乐观的教育领导者，她很快就被提升为副校长。

遗憾的是，简所在学校的校长不像简那样有进取心。他和我是在加拿大举办的一次研讨会上认识的，当时简带他一起来了，他是一个友好、随和的人。然而，他很快就明确表示，他没有签约成为一名教学领导者，而且很快就会退休。他愿意让简接受她的“辅导训练”，但他的目标是在退休前的19个月里承受尽可能小的压力。简告诉我，学校的员工对缺乏领导者感到茫然，因此，任何成长都是零星发生的。没有连贯性，没有愿景，没有后续行动，而且可悲的是，没有成长。

那年夏天，简的校长退休了，在新校长上任前，一位地区主管约简见面。简在练习第8个习惯——“控制有害的情绪”时描述了当时他们之间的谈话，我把它作为一份材料加入了我们的全球沟通研究。简在她的反思表格上描述了这次谈话：

> 我认为我是“受邀”来进行一次学习交谈，以帮助我申请校长的职位，但我发现主管有着不同的议程。他邀请我是为了把对学校标准化考试成绩的指责直接转移到我身上。在90分钟的时间里，他挑战了我的能力、专业素质和道德操守，而且大部分时间，他都对我不屑一顾。

这位主管并不知道学校缺少领导者，显然他也不想听这回事。简在被训斥时试图控制住自己的情绪，但她在反思表格上写道："我的惊讶和愤怒变成了沮丧和难以置信的泪水。"最近简告诉我，虽然那次谈话已经过去一年多了，但她仍然清晰地记得那一天。

简是一个聪明、高情商的专业人士，有着强烈的进取心。她正是学校需要的那种人。她一直在学校工作，因为她关心学生和学校的工作人员，但她所经历的谈话让她很难对工作充满热情。

最近，当我在另一场研讨会上见到简时，她显然因为缺乏支持而感到沮丧和失望。简加班加点地工作以推动学校的发展，但主管的严厉斥责显然损耗了她的一些精力。这位主管怎么能以这么糟糕的态度对待如此聪明的一位专业人士呢？怎么会有人认为这样一场破坏性的沟通会让事态变得更好呢？

人们会像简的主管那样做，原因至少有两个：要么他们没有意识到自己的行为（我们的研究中有大量证据表明，人们往往没有意识到自己在沟通中是如何表现的），要么他们有意识或无意识地遵循着一套信念，导致他们以这种去人性化的方式行事。人们在行动时甚至常常不会停下来思考他们所持有的关于与他人互动的信念。不幸的是，当人们不仔细思考他们的信念时，他们会发现自己经历了非常多不成功的沟通。

简对她和主管交谈的记忆，就像任何人对一场沟通的记忆一样，可能会被许多感知错误所影响。我当时不在现场，无法评估她描述的准确性。然而，有两件事是真实的。首先，这场交谈没有激励简，因此也没有使简所在学校的孩子们获益。其次，人们在交谈中常常会有类似简与主管交谈时产生的感觉。[①]

我们不需要经历那么多破坏性的沟通。我们的全球沟通研究有一个令人鼓舞的发现，那就是大多数人都能学会改善沟通的新习惯。例如，教学教练德布·比杜尔卡（Deb Bidulka）写道："我相信我正在成为一名更好的沟通者。在我的个人和工作生活中，我都怀着这些策略展开沟通，而且我在所有的沟通中都变得更加真实。"一名不方便透露姓名的研究志愿者也这样说道："通过阅读材料，做行动练习，改变根深蒂固的反应，我学到了很多。我放慢了脚步，学会了倾听，而且敏锐地意识到了我在与接触的人交流时所做的选择。这已经成为一套非常有用的技巧。"

改善沟通的一种方法是确定我们在与他人互动时真正的信念是什么。我们不是信念的奴隶。我们可以选择信念，但要做到这一点，我们必须让当前的信念浮出水面，然后思考哪些信念能够更好地描述我们是什么样的人以及想成为什么样的人。仔细阅读下文描述的6条信念，思考你今天有什么样的信念，以及未来你想拥有什么样的信念。

信念1：我认为沟通的参与者都是平等的

简和这位主管的沟通是一个极端的例子。更常见的情况是，沟通者将自上而下的谈话中固有的不平等更微妙地表达出来。一位年轻的校长对学校里的孩子们非常关心，并热衷于带领学校朝着正确的方向发展，但她可能会发现自己在进行一场自上而下的谈话，因为她认为她应该用这种方式

① 2007年佐格比（Zogby）对美国成年人的一项调查发现，在近8 000名受访者中，有37%的人经历过与简类似的欺凌对话。——作者注

与人互动。例如，她可能会旁听一节课，找出她认为教师做得好的地方，以及应该改进的三个方面，然后试图说服这位教师“接受”她的建议。对她而言，这似乎是校长应该做的事。不幸的是，这种自上而下的谈话通常是不成功的。

威廉·米勒（William Miller）和斯蒂芬·罗尔尼克（Stephen Rollnick）指出了6种可能会引发抗拒的“提倡式回应”（我称之为自上而下的沟通方式）。

1. 为改变而争论。咨询师直接在某个特定问题上采取支持改变的心态，并试图说服客户做出改变。

2. 扮演专家角色。咨询师以一种表达咨询师“知道答案”的方式组织沟通。这包括设下问许多封闭式问题的问答陷阱，以及对客户说教。

3. 批评、羞辱或指责。咨询师的潜在意图似乎是通过灌输对现状的负面情绪来撼动或刺激客户做出改变。

4. 贴标签。咨询师建议用一个特定的标签或诊断来描述或解释客户的行为。重点是客户“是”或“有”什么，而不是他/她做什么。

5. 匆匆忙忙。有时，由于时间紧迫，咨询师会认为需要运用清晰有力的策略来解决问题。根据与马打交道的经验，蒙蒂·罗伯茨（Monty Roberts）观察到一个悖论：“如果你表现得好像你只有几分钟的时间”，那么你可能需要一整天才能完成一个改变；而“如果你表现得好像你有一整天的时间”，那么你可能只需要几分钟就能完成。在咨询中，通常的表现是咨询师会赶在客户准备好之前就提出建议。

6. 要求卓越。最后，当咨询师要求卓越时（此时咨询师的目标和观点凌驾于客户的目标和观点之上），就会引发抗拒。最典型的形式是家长式的“我知道什么对你最好”的沟通方法。

麻省理工学院的研究员埃德加·沙因以其对文化的研究而闻名，他在《恰到好处的帮助》一书中解释说，当人们把自己定位为上级时，就像上面那位校长无意中所做的那样，他们会创造一种不平等的关系，阻碍交流和专业学习。沙因认为，只有当人们被给予他们认为自己应得的地位时，他们才会觉得沟通是成功的：

> 当沟通不平等时，我们有时会觉得被冒犯。这通常意味着我们所追求的自身的价值没有得到承认，或者其他人没有意识到我们是谁，或者我们的交流有多重要。

这位新校长的初衷是好的，她可能也非常关心她的员工，但她的做法很可能会引发抗拒。她可能会发现，当她告诉教师们应该怎么做时，他们会“抵触”，并解释为什么她的想法行不通，或者他们已经尝试实践过那些想法，但没有成功。

在自上而下的谈话中，人们会抗拒的那些想法通常与想法本身无关，而是因为他们认为自己没有得到应得的地位。米勒和罗尔尼克花了几十年时间研究治疗关系，他们发现治疗师接触客户的方式可能会成为阻碍客户改变的主要原因。他们在经典作品《动机式访谈法》中写道：

> 一位治疗师交流的方式会提高或降低一个人改变的可能性……如果以直接、对抗性的方式提出建议，客户的抵触情绪就会上升。如果以一种反思的、支持性的方式提出建议，抵触情绪就会下降，改变就会增多。

大多数生活在民主国家的人，不假思索地就会说，他们认为所有人都是平等的。民主的政治制度建立在每个人都应该被平等对待的基本信念之上。在大多数民主国家，平等意味着每个人都应该拥有平等的上学机会、投票机会、人权等。在一个民主国家，我也有平等的机会去追求自己的个人和职业目标，也有平等的犯错机会。从本质上讲，认为每个人都是平等的，就是认为每个人都是一样重要的。

人们说他们认为人人平等，但通常情况下，尤其是当他们发现自己掌握权力时，他们的行动却恰恰相反。罗伯特·萨顿（Robert Sutton）在《好老板，坏老板：部属不说但你非懂不可的管理秘技》一书中总结了达契尔·克特纳（Dacher Keltner）对权力影响的许多研究。克特纳的研究论据确凿。他报告道，

> 当研究人员在科学实验中赋予人们权力时，他们更有可能以有些不恰当的方式接触他人，以更直接的方式调情，打断他人，说不合时宜的话，在他人说话时不看对方，以怀有敌意和羞辱的方式取笑朋友和同事。

萨顿在总结克特纳的研究时写道："有强有力的证据表明，权力会把人变成麻木不仁的混蛋，他们会对下属的需求和行动毫不在意。"

不同于自上而下的谈话，另一个选择是建立在平等基础上的沟通。当我相信别人和我是平等的时候，我永远不应该认为自己比他们优越。在更好的沟通中，我会有意地观察沟通伙伴的优点，并且以我对这些优点的了解进行交流。

我看过好几个小时的教学教练与教师的互动视频。相信平等的教练会不断地表达他们认为合作的教师是平等的。倡导平等的教练将与他们合作的教师定位为决策者。他们会坐在教师的旁边，而不是对面，与教师进行眼神交流，倾听，并激发合作的教师运用专业知识。

里克·帕尔马（Ric Palma）在堪萨斯州的托皮卡担任了多年的教学教练，在为我的《教学辅导》一书接受采访时，他告诉我，他希望人们在谈话结束时感到自己受重视。里克告诉我："我让他们知道，他们的意见很重

要，我会吸收他们的知识和专长。他们把我看作是他们中的一员，而不是来传授这些知识的人。”

林恩·巴恩斯·舒斯特（Lynn Barnes Schuster）是得克萨斯州凯蒂学区的一名教学教练。在我撰写《确定无疑的影响》时，她告诉我，她采取的是一种“服务他人的态度”。林恩告诉我，我们必须“关心我们所服务的人，我们不能像一名万事通专家那样与他们接触。教练们必须找到一种方法来控制这种愿望，帮助教师和学生顺利地完成教学”。

信念2：我想听其他人想说什么

> 学生的声音是指当一名学生表达了一条意见时，教师听到了这条意见，并且采取了一些行动。
>
> ——一名6年级男生

> 人们真正需要的是好的倾听。
>
> ——马里卢·凯西（Marylou Casey）

德布·比杜尔卡是加拿大萨斯喀彻温省萨斯卡通市普利尔斯普瑞特教育局的学习支持协调员。在我们的全球沟通研究中，当德布用习惯2（带着同理心倾听）进行实验时，她发现自己教的一个高中班级里有一名学生，曾有人提醒她这个学生“脾气暴躁”。德布在她的反思表格上讲述了她的故事：

> 曾有人提醒过我这名学生脾气暴躁，他确实如此。他扰乱了我的课堂。

为了试着找到问题的根源，我让他下课后来和我谈谈。我预料到他会很有戒心，会很生气，可能会大发脾气。我也很生气，但我知道如果我让愤怒主导了谈话，问题就会升级。

谈话刚开始，我就告诉他，我想知道我需要做些什么，他才能在课堂上体验到成功的感觉。这招很管用，这名学生大吃一惊。我专注于寻找解决方案，而不是责怪他或关注他做错了什么。最后，他分享了一些重要的个人信息，帮助我们一起想出了一个解决方案。最终，他在我的班上取得了很大的成功。

德布的经历证明了拉塞尔·J. 夸利亚和迈克尔·J. 科尔索（Michael J. Corso）在《学生的声音：变革的工具》（*Student Voice: The Instrument of Change*）中发表的研究结果，他们强调了学生的声音非常重要。夸利亚和科尔索写道：

在大多数课堂和学校里，学生的声音还没有被听到。培生基金会（Pearson Foundation）在2012—2013学年对56 877名6—12年级的学生进行了"我的声音"调查，报告称，只有46%的人认为学生在学校的决策中有发言权，只有52%的人认为教师愿意向学生学习[数据来源于夸利亚学生愿望研究所（QISA，Quaglia Institute for Student Aspirations）在2013年的调查]……不到一半（45%）的受访学生表示，他们在学校社区中受到了重视。

夸利亚和科尔索对学生的研究发现同样适用于成年人：他们希望被倾听，但往往得不到他人的倾听，尤其是当他们是教师时。马库斯·白金汉（Marcus Buckingham）和柯特·科夫曼（Curt Coffman）浏览了对100多万名员工的调查，观看了对8万多名经理的90分钟的采访，为的是找出良好工作场所的特征。在《首先，打破一切常规》[①]一书中，两位研究者将他们的发现总结成12个问题，对所有12个问题都回答“是”的员工更有可能投入工作，更有积极性。清单上的第7个问题是：“在工作中，我觉得我的意见受到重视吗？”投入工作的员工报告说，他们相信他们必须说的话对他们的组织而言很重要。

研究者谢恩·洛佩兹（Shane Lopez）是《让希望成真：为自己和他人创造你想要的未来》（*Making Hope Happen: Create the Future You Want for Yourself and Others*）一书的作者，在白金汉和科夫曼撰写他们的作品时，洛佩兹在盖洛普公司（Gallup Organization）工作。谢恩也住在我的家乡，堪萨斯州的劳伦斯市，两年前我们一起吃过午饭，讨论了谢恩将在我们的教学、学习与辅导研讨会上做的主题演讲。

坐在715 Mass（劳伦斯市中心一家嘈杂的、熙熙攘攘的餐厅）里，我询问了谢恩最近的研究。谢恩告诉我，他即将发表一项与普雷蒂·锡德胡（Pretty Sidhu）合作完成的研究，他们研究了哪些类型的员工对“在工作中，我觉得我的意见受到重视吗？”这个问题的回答是肯定的。

谢恩凑过来告诉了我结果：“我们研究了超过15万份调查问卷。调查问卷的回答者涉及各类员工、经理、医生、护士、基础教育教师、建筑工人、服务人员等。猜猜谁排在最后？是教师。教师们觉得自己的意见不如建筑工人和服务人员重要。教师排在了最后。”

洛佩兹的发现表明，倾听教育工作者的意见尤其重要，因为许多人报告说他们的意见没有被听取。史蒂芬·柯维说过“知彼解己”，描述了我们

① 中文简体版已由中国青年出版社出版。——编者注

可以鼓励人们去实践的一种简单做法。我们在进入沟通的一开始可以提问，并且在给出自己的观点之前确保我们理解了别人在说什么。通过暂时搁置自己的观点，我们可以真正地听到别人的意见，并有力地表明我们尊重他们的观点。当我们带着同理心倾听别人的观点、想法和担忧时，我们就是在告诉别人他们的生命是重要的和有意义的。

当我想听别人说的话时，我应该全身心地投入到沟通中。我可能是某人的老板或教师，但我不应该把结构性权力与实际的权力混为一谈。事实上，如果我认为自己比别人更好、更重要、更有价值，我就不会参与到更好的沟通中。

信念3：人应该拥有很大的自主权

> 当你与人交谈时，你的大脑必须同时做三件事：关注谈话内容，读懂与你交谈的人，以及读懂你自己。最后一点是成为教育领域成功者的真正分水岭。
>
> ——本·科林斯

> 高明的教师懂得，他们提供的小选择越多，遇到的大问题就会越少。
>
> ——吉姆·费伊（Jim Fay）、查尔斯·费伊（Charles Fay）

最近，我与一群来自美国某个大区[①]的教学指导员和行政人员开了一个会。会议上，人们谈到，指导员有可能改变孩子们的人生，他们为此感到兴奋，并分享了对新学年的希望和担忧。一位经验丰富的指导员谈到了她面对的最紧迫的问题，其他人的情况也大致如此。

她说道："我们的校长已经告诉了教职工明年的三个优先事项，我们已经收到了（来自教师们的）反对意见。如果他们拒绝按校长说的去做，我不知道该如何指导他们。"

当然，事实上，学校里的教师和其他人一样——我们都不喜欢被告知要做些什么。心理学家爱德华·德西（Edward Deci）和理查德·瑞安（Richard Ryan）毕生致力于研究动机，他们的一个主要发现是，人们的行事动机很少来自他人为自己制订的计划。正如德西在《内在动机：自主掌控人生的力量》中所写的那样，

> 控制是一种简单的应对方法。它……听起来很强硬，所以这样做会让那些认为事情出了差错的人感到安心……然而，人们会越来越清楚地认识到，这种方法根本行不通……依赖奖惩来激发责任感的普遍做法未能产生理想的结果。事实上，越来越多的证据表明，这些基于刚性权威原则的所谓的解决办法正在加剧而非改善问题。

当领导者提出一项计划，做出解释，并期望他人遵守和执行时，他们可能会有一种安心的控制感。然而，如果一项计划没有得到实施，它就几乎没有意义，当专业人士在一项计划的形成过程中没有发言权，只是被告知要做什么时，他们不太可能有动力去接受并开展这项计划。自上而下的

① 可能是指美国5大区（新英格兰地区、中大西洋地区、南部地区、中西部地区和西部地区）中的一个，不太确定。——译者注

指示可能会让人产生找到解决方案的幻觉，但德西和瑞安的研究表明，这种指示至多只会导致提不起兴趣的服从，不会激发人们做出推动真正的、有意义的改变所需要的那种承诺。

不同于自上而下模式的另一种模式是，首先认识到人们，特别是专业人士，需要拥有一定的自主权才能产生动机。德西写道：

> “拥有自主权”指的是按照一个人的自我行动，它意味着一个人在行动中感到自由，可以行使意志。当拥有自主权时，人们会自始至终地愿意做他们正在做的事情，而且会怀着兴趣和使命感进行这项活动。他们的行为源自他们真实的自我感觉，所以他们是真实的。相比之下，被控制是指因为受到压力而行动。当人们被控制时，他们在行动时不会有个人认同感。他们的行为不是自我的表现，因为他们的自我已经屈服于控制。

尊重他人对自主的需求既是一件切实可行的事情，也是一件好事。它是切实可行的，因为除非人们有真正的选择，否则他们不会有动力去改变或接受我们说的话。不论一个人是6岁还是66岁，确保他（她）不会做某件事的最可靠的方法，就是告诉他们必须要做这件事。用运动心理学家提摩西·加尔韦（Timothy Gallwey）的话来说：“当你坚决要求的时候，他们会抗拒。”

尊重他人对自主的需求也是一件好事，因为试图控制他人是不人道的。正如弗莱雷所说：“自由……是追求人类完整性的必不可少的条件……没有自由，（我们）就不能真正地存在。”同样地，彼得·布洛克也强调了选择的首要性：“说‘不’是我们获得独特自我的基本方式。剥夺我说‘不’的权利就是在对我宣示主权……如果我们不能说‘不’，那么说‘好’就没有任何意义。”当我们把与我们交流的人视为平等的伙伴时，我们必然会认为他们是拥有自主权的人，应该自己做出选择。伙伴不会告诉伙伴他们该做些什么。

当我们意识到他人对自主的需求时，我们就会改变自己的沟通方式。因为我们认识到，对于我们分享的事情，他人会做出自己的决定，所以我们会初步提供想法，为我们的伙伴留下空间得出自己的结论，而不会选择简单地告诉他人该怎么做。

自主权对于年轻人和成年人来说一样重要。正如吉姆·费伊和戴维·芬克（David Funk）在《用爱与逻辑教学：掌控课堂》（*Teaching With Love and Logic: Taking Control of the Classroom*）中所写的那样："我们都希望对自己的生活有一定的控制权，当我们感到自己失去这种控制权时，我们会战斗直至把它夺回。"费伊和芬克认识到了控制权的重要性，他们将共享控制认定为爱与逻辑法的四个关键原则之一。他们写道："当我们允许孩子对自己的学习拥有一定的控制权时，他们常常会让最有经验的教师都感到惊讶。"

信念4：我不评判他人

分裂我们的不是我们之间的差异，而是我们对彼此的评判。

——玛格丽特·惠特利

我的导师、论文导师和一生的朋友唐·德什勒（Don Deshler）在与人交往时完美地体现了平等。如果说有些人有权拥有稍许的优越感，那唐就应该是其中的一个。光是列有唐的出版物名称的清单就将近40页，他被选为美国总统文化咨询委员会（Presidential Advisory Committee on Literacy）的成员，被特殊儿童委员会（Council for Exceptional Children）选为20世纪特殊教育界最具有影响力的十大人物之一。

从任何标准来看，唐都是一位非常成功和强大的专业人士。事实上，在过去的20年里，我和唐交谈过几百次，无论何时我和他交谈，他都让我觉得我和他进行沟通是在帮他的忙。唐会倾听、鼓励并提出很棒的问题。每次沟通，我都可以放心地说出心中所想。唐从来不会让我觉得他在消极地评判我。事实上，我的感觉恰恰相反，我觉得唐最常传达的信息是，他认为我是一个有价值的人。

唐会在各种场合用这种不做评判的方式与人交流。当他主持会议、做报告，与大学员工进行评估讨论，或纠正某位员工的不当行为时，唐总是会先明确表示，他不会消极地评判他人。唐是一名学者，一位强大的教师，他拥有巨大的影响力，但他留给我们最宝贵的财富可能是他在与人们互动时带给他们的感觉。人们会感觉到唐真切地想听他们说话，而且他不认为自己比别人更好，他看到了其他人作为人的价值。他们会有这种感觉是因为这是事实。唐就是这么做的。

人们喜欢和唐聊天，因为他那种不做评判的交流方式会让人们感到安全和被重视。我相信，唐认识到了评判会破坏平等，为沟通创造不安全的环境。如果我评判你做的某件事好或不好，我就是抬高了自己，贬低了你。迈克尔·富兰（Michael Fullan）在《变革的6个秘密》等许多书中都写过不做评判的重要性：

> 不评判是改变的秘密，因为它是如此地微妙。你必须持有一个强大的道德立场，不屈服于道德优越感，将其作为你唯一的改变策略。正如威廉·米勒（William Miller）所说："当我们为伟大的善而奋斗或反对伟大的恶时，很难不

> 把一些善意点缀在自己身上，把一些恶意泼洒在对手身上，从而造成很深的个人道德鸿沟。换句话说，宣称或努力追求某种正义，要避免伪善和道德谴责是非常困难的。”

丹尼斯·雷纳（Dennis Reina）和米歇尔·雷纳（Michelle Reina）在《工作中的信任与背叛》（*Trust and Betrayal in the Workplace*）一书中提到了他们口中的“沟通信任”的重要性，他们将“沟通信任”定义为“愿意分享信息、说实话、承认错误、保密、给予和接受建设性反馈以及带着良好的目的说话”。他们说：“当人们感到足够舒适和安全，可以在没有后果的情况下分享他们对彼此看法的时候，就会产生沟通信任。他们相信他们不会因为说了真话而承受报复性的后果。”评判别人常常会破坏沟通中的信任。

不做评判并不意味着我们忽略了现实。当然，当我们与这个世界交互时，特别是当我们处于领导地位时，我们需要用我们的能力来分辨现实。不做评判意味着我们不会以贬低他人的方式分享自己的看法。当我们不做评判的时候，我们在谈论别人的时候就不会翻白眼。就像我曾听迈克尔·富兰在一次演讲中所说的那样：“我们有很多方式可以表达翻白眼的情绪，而不动用我们的眼睛。”

信念5：沟通应该是来来回回的

> 一段牢固关系的脉搏包含了给予与索取、交谈与倾听、重视对方以及感受到相应的重视之间的有节奏的运动。
>
> ——吉姆·勒尔（Jim Loehr）、托尼·施瓦茨（Tony Schwartz）

埃米莉·曼宁（Emily Manning）是得克萨斯州登顿市的一名地区教学教练，她自愿为我们的研究学习和实践第3个习惯——促进对话。她在反思表格上写道，通过我们的项目，她对自己有了很多了解，但她承认，对她来说，自我辅导是一项挑战。她写道："你必须对自己诚实，有时这很难。"

埃米莉通读了关于对话的材料（见第4章），说这些材料"真的让她能够自由地在沟通中变得脆弱和不完美"。她写道："我也可以成为一名学习者，我喜欢这样。"

埃米莉看了自己进行不同沟通的视频，就像许多教练会让她做的那样，她意识到自己需要练习提问，她说：

> 我听起来就像一张坏掉的唱片，我问了太多封闭式的问题，或者提出了"伪装过的判断"。我需要减少提问，尤其是当我和一位正在寻求帮助的新同事一起工作的时候。很多时候我只想进入师者模式。我需要提供更多的空间，让我们共同构建对话，而不是由我来控制沟通的方向。我认为提出一些可以打开对话的经过深思熟虑的问题会有所帮助。

埃米莉说，看着视频里的自己，"更了解我进行过的沟通了……什么时候我让一段沟通变得更有压力，什么时候我变得更加平和了。现在我也非常清楚自己存在的问题"。为了改进，埃米莉必须首先承认，她认为沟通应该是来来回回的，然后她必须练习这些习惯，直到她看到效果。她确实开始看到成效了。在沟通实验接近尾声时，埃米莉写道："这场对话让我感到很高兴。我感觉最终我们一起制订了一个计划，我们共同思考完成了这件事。"

那时，埃米莉正在练习习惯3"促进对话"。在第4章中，我将对话描述为一种我们可以练习的习惯，这样我们就可以在与他人一起思考时进行对话。然而，只有当我们相信沟通应该是来来回回的，才有可能进行真正的对话。当我们相信沟通的意义应该是相互构建的，而不是自上而下的时候，就可能养成对话的习惯。

如果我们采纳其他的更好的沟通的信念，那么一定也会采纳“沟通应该是来来回回的”这条信念。如果我平等地看待他人，如果我想听他们说什么，如果我意识到人们会对我分享的内容做出自主决定，那么我就会不可避免地认为，更好的沟通是由沟通中的每个人共同创造的。将沟通视为一种双向互动，就是真正尊重与我们交流的人。事实上，当我们真正将他人视为完整的人，尊重他们是自主的人，而不是被操纵的对象时，我们几乎总是会接受来来回回的互动。

正如一名研究志愿者所写的那样，一场关于一个重要话题的尊重人的、来来回回的沟通需要所有参与者一起思考“才能实现”。在一场来来回回的沟通中，各方都会被一场自由、诚实的讨论所吸引和影响。戴维·伯姆（David Bohm）在《论对话》一书中，提出了一个有用的类比，说明这样的对话可能是什么样子的。伯姆写道：

> 这个推导所暗示的画面或形象是一股意义的溪流，在我们之间流动，流经我们……从中会产生一些新的理解。这是一种新的事物，它可能根本就不在起点上。这是一种很有创意的事物。这种共同意义是将人们和社会联系在一起的“胶水”或“水泥”。

信念6：沟通应该是赋予生命的

人与人之间的交谈是培养变革（个人变革、社群和组织变革、全球

> 变革）条件的最古老、最简单的方式。如果我们能坐在一起，谈论对我们而言重要的事情，我们就会变得充满活力。
>
> ——玛格丽特·惠特利

在写这一章的时候，我在我们的社交平台账号上发布了一个简单的问题。我请读者描述他们认识的一个善于沟通的人。他们的回答没有让我失望。

来自澳大利亚新南威尔士州利斯莫尔学区的特丝·科宁（Tess Koning）提到了她的主管和导师托尼亚·弗拉纳根（Tonia Flanagan）：

> 托尼亚比我更早地在我身上看到了一位自信领导者的品质。她观察了我的工作，并通过问我问题来辅导我，这些问题会帮助我辨别，而不会指挥我如何去做。她倾听了我的恐惧，鼓励我承担风险并坚持下去。我喜欢她用"乐于学习"的沟通来形容与员工进行的艰难谈话。我认为她是女性领导力的缩影，通过在更感性的层面上理解他人来进行沟通。

来自澳大利亚堪培拉的丹尼丝·希恩（Denise Sheehan）写道，她以前的中学协调员杰克·香农（Jack Shannon）"总是在倾听，总是在微笑，总是很冷静"。丹尼丝写道：

> 有一次，一位小学教师问，被送到这所小学打工的高中生是不是"好孩子"。杰克笑着回答说："我们这里的孩子都是好孩子。"简而言之，杰克从不把自己的想法强加于人，会专注于并鼓励积极的一面……我们仍然能从他说的话中学到东西。

来自怀俄明州兰德市的马蒂·康拉德（Marty Conrad）写了一篇关于北阿拉帕霍（Northern Arapaho）长老，已故的皮乌斯·莫斯（Pius Moss）的文章。20世纪80年代，他和他的团队一起在怀俄明州的圣斯蒂芬印第安教会（St. Stephens Indian Mission）任教。马蒂写道："不论天气如何……即使是零下25摄氏度……每天皮乌斯·莫斯都会对我和所有人提到'今天是美好的一天'，每一天都是美好的一天!"

在看完关于这个问题的所有评论后，有一点令我印象深刻：那些被认定为善于沟通的人听起来好像任何人都愿意与之交谈。例如，洛乌·桑达尔（Lou Sangdahl）写道，她的邻居"真的对别人感兴趣，总是在学习，总是会很快地建立关系，总是会很快地分享别人的积极一面"。其他评论所描述的人会倾听，会问引发思考的问题，会投入地做事，积极向上，鼓励他人，看到别人的优点。他们不会敷衍了事，他们真正关心别人，会传达出他们尊重别人的信息。不论他们是否做到了，他们都相信，沟通应该是赋予生命的。

当我相信沟通应该赋予生命时，我在沟通开始时会期待我和沟通伙伴在沟通结束后会感到更有活力。当人们参与到重要话题的沟通中，当他们的想法被听到并付诸实施时，他们通常会感觉更好。此外，当人们聚在一起设定并实现目标时，就会形成一种真正的纽带，发展出一种深厚的感情，重要的终身友谊就会扎根。

米歇尔·哈里斯（Michelle Harris）是我们在俄勒冈州比弗顿市进行的辅导研究的教学教练。当我为我的书《专注教学：用视频进行高影响力教学》（*Focus on Teaching: Using Video for High-Impact Instruction*）采访她时，她告诉我，参与这次辅导研究得到的最好结果之一是她与视频学习团队（Video Learning Team）的其他成员利·莫尔茨詹（Lea Molzcan）、珍妮·麦克米伦（Jenny MacMillan）和苏珊·莱登（Susan Leyden）建立了关系。她补充说道：

> 我和小组里的每个人都建立了一种与众不同的联系。回顾和讨论视频的过程让一切都变得更加深入。你在说你作为一个人在做什么，就像心理治疗一样。我们认真探讨了一些个人的和哲学的想法。我知道，如果我在工作中遇到了一些难题或困境，我可以去找她们中的任何一位，她们会倾听我，并试图帮助或辅导我。我们每个月都会聚在一起叙叙旧，聊聊工作上的事。

我们经常会有一些沟通，这些沟通带给了我们如此深刻、积极的触动，它们实际上改变了我们的生活。在这些互动中，我们几乎总是深深地沉浸在所说的话语中。当我们关心别人说什么，平等地尊重别人时，我们更有可能发现自己在谈论重要的话题，而有关重要事情的沟通往往会赋予我们生命。

当与我们交谈的人听到我们在说什么时，当我们与他人一起思考重要的话题时，当我们感到被与之交谈的人肯定时，我们通常会感到充满了能量。在最好的情况下，沟通会帮助我们更好地理解什么是重要的，我们需要做什么，以及为什么我们适合去做那些需要做的事情，这通常意味着我们会更有热情地接受生活带给我们的任何挑战。

基于信念的沟通有何不同

如果简的主管采纳了更好的沟通所固有的信念，本章开头提到的简与上司的沟通会有什么不同？他会把简视为一个平等的值得尊重的人，并且认可她是一名专业人士。他会以一种非评判的方式倾听简，也许在谈话开始时，他会确保自己理解简对学校的看法。这位主管会试图为沟通创造一种氛围，让他和简可以共同讨论学校的情况。他会清楚地分享自己的观点和担忧，但分享的方式会鼓励简做出回应，并同样清楚地分享她的观点和担忧。他会鼓励简说出来，因为他真的相信她拥有值得分享的东西。

通过来来回回的沟通，这位主管会努力找到一个共同构建的解决方案，鼓励简分享她对学校未来发展的想法。如果他真的接受了更好的沟通的信念，那么除非他和简在沟通结束时都充满了力量，并承诺积极地向前迈进，否则他不会对沟通感到满意。他会致力于进行会让生命变得更好的沟通。

小　结

了解我们对沟通的信念很重要，因为当我们的信念与我们的行为不一致时，人们可能会理所当然地质疑我们的真实性。更好的沟通互动方式基于6条信念：

1.“我认为沟通的参与者都是平等的”，这意味着我们不认为自己比别人更好，而且我们的互动方式表明我们看到了别人的价值。

2.“我想听其他人想说什么”，这意味着我们将沟通视为了解他人想法和听取他们经历的机会。

3.“我认为人们应当拥有很大的自主权”，这意味着我们认识到：(1)不给予选择常常会引发抵抗；(2)由于我们通过做出选择来定义我们是谁，所以剥夺选择是不人道的。

4.“我不评判他人”，这意味着当我与他人互动或相互观察时，我会抵制住通过批评性的评判来贬低他人的诱惑。当我们评判别人的时候，我们就是把自己抬高了，把别人贬低了。

5.“我认为沟通应该是来来回回的”，这意味着我会带着谦逊进行沟通，乐于学习，并准备好发现我可能是错的。当我采纳这条信念时，我不会让自己保持沉默，而是会以一种会让别人很容易说出他们的想法的方式说话。

6. “我认为沟通应该是赋予生命的”，这意味着我希望沟通是赋予能量的、肯定的、有创造力的。在完成一场更好的沟通之后，通常我的感觉应该会变得更好。

深入阅读

如果没有迈克尔·富兰、戴维·伯姆、埃德加·沙因、玛格丽特·惠特利、彼得·布洛克和保罗·弗莱雷等人的研究和思考，我不可能写出这本书。由于本书的其他部分都提及这些作者，我在这里就不多展开了，但为了更深入地理解更好的沟通背后的信念，读者最好仔细地阅读一下他们的作品。

如果从某种程度上来说，你是一位领导者（学校里几乎每个人都是领导者），我建议你花点时间去理解一下爱德华·德西和理查德·瑞安的自决理论（Self-Determination Theory，SDT）。在我看来，任何意义上的领导者都应该阅读一下德西和瑞安的《内在动机：自主掌控人生的力量》。

罗伯特·萨顿的《好老板，坏老板：部属不说但你非懂不可的管理秘技》给我留下了深刻的印象，我在自己的博客上写了一系列专栏文章，讨论要如何将他的领导理念付诸应用。萨顿写了很多有用的书，我尤其感谢他发表了关于权力会如何腐蚀我们带着同理心沟通的能力的深刻见解。谢恩·洛佩兹的《让希望成真：为自己和他人创造你想要的未来》是我看过的关于希望的最好的作品。谢恩是一个聪明、迷人、有趣的人，这本以研究为基础的、通俗易懂的书为我们提供了一种语言和一些故事，可以用于理解和谈论希望。

最后，谈到更好的沟通，我很感激每一次与拉塞尔·夸利亚交谈的机会，他与迈克尔·J. 科尔索合著了《学生的声音：变革的工具》。拉塞尔总是很投入，总是很有煽动性，总是很有趣，任何需要与孩子相处的人都应该读一读这本书。他的观点简单而激进：学生在学习中应该拥有真正的发言权。这个观点需要得到教育工作者和政策制定者的认真关注。

第3章

带着同理心倾听

当我们不承认他人的人性（他们的个性和独特性）并认为他们的价值低于我们时，我们的同理心就会枯萎和死亡。

——罗曼·克兹纳里奇（Roman Krznaric）

我一直认为倾听是一件被动的事情，而且太慢了……在你构思接下来要说什么的时候才会去倾听。现在，我把倾听视为一种艺术形式——一种失落的交流人性和善良的方式。

——玛丽亚·富尔朱埃莱（Maria Furgiuele），

加拿大萨斯喀彻温省的一名教师

有效的倾听的4个策略

1. 投入地倾听。
2. 确保你的沟通伙伴是说话的那个人。
3. 在回应之前暂停一下，问问自己："我的评论会开启还是结束这场沟通?"
4. 不要打断别人。

表现出同理心

同理心是我们创造社会生活和推进文明的手段。

——杰里米 · 里夫金（Jeremy Rifkin）

为了倾听，你必须保持安静。你必须让你的内心平静下来，你必须愿意变得脆弱，被你的谈话伙伴改变。你必须愿意对别人说："哦，朋友，我知道那是什么感觉，我自己也经历过。让我们一起渡过难关吧。"

——卡罗尔 · 沃克（Carol Walker），
怀俄明州绿河市的一名教学教练

本书中的第一个习惯是表现出同理心，这并非偶然。不论我们是对着一大群观众演讲，还是安慰一个三岁的孩子，沟通的好坏主要取决于我们对谈话伙伴的想法和感受的理解能力。在设计出一张漂亮的幻灯片或提出一个探索性问题之前，我们的第一个想法应该是："我的沟通伙伴对这个话题的想法和感受是什么？"

我们是通过想象透过别人的眼睛看世界，透过别人的心感受世界来展现同理心的。亚历克西丝·威金斯（Alexis Wiggins）在她父亲格兰特·威金斯（Grant Wiggins）博客上发表的一篇专栏文章中描述了一个展现同理心的例子。在她的专栏中，亚历克西丝描述了她是如何通过跟随学生学习两天，观察做一名学生会是什么样子，从而体验到同理心的。

她写道："我的任务就是做学生应该做的每一件事：如果黑板上有讲座提纲或笔记，我会以最快的速度把它们抄到笔记本上。如果有化学实验室，我会和接待我的学生一起做实验。如果有测试，我也会参加……这次经历让我大开眼界，我真希望现在能回到我曾经教过的每一个班级，至少改变10件事——教室布局、教学计划、教学效果的检查。大多数事情都应该加以改变！"

亚历克西丝提出了三个观点。第一个观点是："学生们整天都坐着，坐着会很累……我不敢相信第一天结束之后我有多累……作为教师，我们会忘记这一点，因为我们经常站着……但学生们几乎一直坐着不动。一直不动会让人很累。"

她提出的第二个观点是："在大约90%的课堂上，学生都是被动地坐着听。让人精疲力竭的不仅仅是坐着，还有一天中大部分时间都要吸收信息，而不是经常去思考。我很震惊，他们能主导或选择的学习内容竟然那么少。"

亚历克西丝的第三个观点是："你一整天都会觉得自己有点讨人厌。有很多针对学生的讽刺和挖苦，我意识到我自己曾进行过多少这样的师生交流，感到很不自在。”作为一名教师，她知道“必须把一件事解释五遍”是多么令人沮丧，但当她是一名学生时，她看问题的角度就不一样了。她写道：“我感到压力很大。我很焦虑。我有一些问题。但如果教师一边对我翻白眼，一边回答这些问题，我就再也不想问了。在跟着学生学习过之后，我对他们有了更多的同理心，我意识到讽刺、不耐烦和气恼会在我和他们之间架起一道屏障。这种做法不会给学生的学习带来帮助。”

你很有可能读过这篇博客，因为它像病毒一样快速传播，引起了轰动，自发表以来获得了超过100万的点击量。毫无疑问，人们被这个专栏吸引是因为他们对作者分享的观点感兴趣，但我也认为他们阅读这篇文章是因为它清楚地说明了同理心的力量。人们认识到，通过理解他人，他们可以学习变得更好。

亚历克西丝的经历表明了我们可以在学校表现出同理心的一种方式，但还有许多其他的方式。如果专业研究人员花两天时间通过跟着教师教学来了解教师面对的一切，会如何？如果教师花两天时间跟着他们的校长或主管学习他们面对的一切，会如何？如果一位打算削减特殊教育班资金的州长花一天时间教一个有20名被诊断患有严重情绪障碍的中学生的班级，然后再花一天时间跟着这个班的其中一名学生学习，会如何？

尽管表现出同理心很重要，但如今这种做法并不很受重视。人们常常会被归入刻板印象，一群群人都被贴上了有关政治、性别、种族、宗教、体育偏好，甚至是使用的智能手机的型号的标签。当我们把人划分为不同类型时，我们就不再把他们视为独特的人，而是开始把他们视为具有共同（通常是消极）特征的类别，例如，所有的保守派都只关心自己，所有的洋基队球迷都傲慢自大，所有的苹果用户都是“绵羊”，苹果公司让他们做什么他们就做什么。当人们开始谈论性别、种族或宗教时，这些刻板印象会变得更糟糕，更具破坏性。

我们甚至可以在拒绝刻板印象的同时接受它们。例如，当左倾的人在反对基于种族的刻板印象时，他们会给所有右倾的人都贴上狭隘的标签；而右倾的人在主张必须尊重每个人独特的自由时，他们会给所有左倾的人贴上不道德的标签。争取平等、自由或尊重的方式是把所有人都视为完整的人，而不是把他们归为一种刻板印象，使他们失去人性。要做到这一点，就要表现出同理心。

在《同理心：高同理心人士的六个习惯》一书中，罗曼·克兹纳里奇详细阐述了同理心的含义：

> 同理心是一种想象站在别人的立场，理解他们的感受和观点，并用这种理解来指导你的行为的艺术。因此，同理心不同于表达同情，比如为某人感到遗憾或难过，因为这些表达不涉及试图理解他人的情绪或观点。

当我们真正理解他人时，我们会以不同的方式看待他们，而我们对他们更广泛的理解会为更好的沟通创造机会。我们会视他人为人而非物体。马丁·布伯（Martin Buber）在《我与你》中阐述了这种区别。布伯将他人的物化称为“我—它”。正如丹尼尔·戈尔曼（Daniel Goleman）所写的那样：“布伯创造了‘我—它’这个术语，用于描述从仅仅分离到完全利用的关系范围。在这个范围内，其他人变成了物体：我们更多地把某人当作一件东西，而不是一个人。”戈尔曼提供了一件轶事，描述了我们在经历“我—它”沟通时的感受：

> 一位女士的妹妹最近刚去世，她的一位男性朋友打来慰问电话，这位朋友

在几年前失去了自己的妹妹。这位朋友表示了哀悼，这位女士被他富有同情心的话语所感动，向他讲述了她妹妹长期患病的痛苦细节，还描述了她失去亲人时的悲伤。

但当她说话时，她能听到电话另一端电脑按键的咔哒声。她慢慢意识到，当她的朋友在与身处痛苦中的她说话时，一边还在回复他的电子邮件。随着谈话的继续，他的评论变得越来越空洞、敷衍和离题。

挂断电话后，她感到非常沮丧，她希望这位朋友从来没有打过电话给她。她刚刚就是经历了哲学家马丁·布伯所说的"我—它"互动。

同理心的一个出发点是将人视为主体而非客体。这要求我们要仔细思考我们是如何看待他人的。主要的挑战可能是我们根本不想听别人说的话。我们通常会被那些确认我们的希望或肯定我们对自己的假设的信息所吸引。例如，即使经过多年的沟通训练，许多人还是觉得听取赞扬比听取批评更容易。戴维·伯姆在《论对话》中描述了当一个人审视自己的倾听方式时可能会发生什么：

> 如果一个人警觉而细心，他就能看到，例如，每当某些问题出现时，他就会感到恐惧，使他无法思考这些问题，他也会感到快乐，快乐会吸引他的思想，使他的思想被其他问题占据……我们每个人都能意识到阻碍自己自由倾听的微妙的恐惧和愉悦感吗？如果没有这种意识，那么要求自己听完所有说话内容将毫无意义。

我们很难带着同理心倾听，因为我们理解事件的方式会干扰我们看到世界本来面目的能力。例如，一位来自美国东部的教学教练写道，她与他人的个人经历可能会影响她的倾听能力。在一次研讨会结束后，她对自己与他人的互动方式感到沮丧，她写道："我真的不需要去揣摩人们的动机，而只需要思考他们在说什么。”

许多参与我们全球沟通研究的志愿者写道，相比理解他们不喜欢的人，他们更容易理解他们喜欢的人。新加坡的一位教练写道：“我必须提醒自己，对方说的话很重要，即使我不喜欢他的性格。我需要提醒自己，他的话很重要，因为我们在同一个地方工作，我必须学会理解他说的话。”

在《关键对话：如何高效能沟通》一书中，科里·帕特森（Kerry Patterson）、约瑟夫·格雷尼（Joseph Greeny）、罗恩·麦克米兰（Ron McMillan）和艾尔·史威茨勒（Al Switzler）描述了我们所讲的“聪明的故事”是如何干扰我们展现同理心的能力的。我们这样做的一种方式是告诉自己，别人要为我们所经历的问题或困难负全部责任，而且他们这样做是因为他们有一些性格缺陷——自私、冷漠、固执己见。帕特森和他的同事称这是一个坏人的故事。当我们接受一个坏人的故事时，它会模糊我们对现实的看法。

我们研究中的一名志愿者是一位来自美国的专业开发人员，她写道，有一群教师把她视为坏人：“我在谈论成长型和固定型思维模式，他们以为我在告诉他们，他们有固定型思维模式。结果，他们完全不听我说话，拒绝接受我说的一切。”如果我们不留心，我们所有人都可能会不经意地以平常或重要的方式采纳一个聪明的故事，比如当我们对超车道上的慢速司机感到心烦时，当教师告诉我们关于儿子或女儿的一些我们不想听到的事情时。

帕特森和他的同事描述的第二种聪明的故事是无助故事。此时，我们会创造一个故事，在这个故事中，我们说服自己，我们在面对一些挑战时是无助的。帕特森关于“聪明的故事”的观点与马丁·塞利格曼（Martin Seligman）关于习得性无助和乐观主义的观点，以及卡罗尔·德韦克（Carol

Dweck）关于固定型和成长型思维模式的观点相似。我们可以告诉自己，我们无法改变影响我们生活的状况，即使我们可能有很多事情可以做。

在学校里，一个无助的故事是，我们相信，对于那些不上进的学生，或者父母不关心的学生，或者当我们有太多文书工作要做时，我们对他们无能为力。人们很容易被这样的故事所诱惑，因为教学可能会让人不知所措。然而，当我们接受一个故事时，我们就不再把学生视为个体，而是无意识地开始寻找证据来支持我们的故事。就像坏人的故事一样，无助的故事干扰了我们看清现实的能力，最令人不安的是，它们会让我们很难看到坐在员工会议上或教室里的每个人的独特属性。

我们可以通过清除大脑中可能会使我们难以表现出同理心的想法来抵消我们的聪明的故事。我从一位教练的教练那里学会了这一点，当时我们讨论了她对同理心的尝试。在谈到她90岁的公公应该得到什么样的照顾时，莫琳（Maureen）试着与家人感同身受。她告诉我："我很难做到倾听他们说的话，因为我的脑海里压着很多过往谈话的包袱。我要理解他们的故事，唯一的办法就是先把我自己的故事从脑海中抹去。"

在《非暴力沟通》中，马歇尔·卢森堡（Marshall Rosenberg）将这种心灵的清理称为对自己的同理心，即在理解他人之前，我们需要先理解自己的思想和感受。卢森堡写道，我们可以对自己表现出同理心，把我们对他人的关心和关注用在自己身上，倾听自己的内心。第二任联合国秘书长达格·哈马舍尔德（Dag Hammarskjold）曾经说过："你越忠实地倾听你内心的声音，就越能听到外面发生的事情。"如果我们变得善于用同理心对待自己，我们通常会在短短几秒钟内体验到一种自然的能量释放，这会使我们能够与他人在一起。

当我们对自己表现出同理心时，我们就可以对他人表现出同理心。要做到这一点，我们需要理解一点，正如克兹纳里奇阐述的那样，同理心通常被描述为有两个组成部分——情感同理心和认知同理心。克兹纳里奇写道，情感同理心“是关于分享或反映另一个人的情绪。所以如果我看到我的女儿在痛苦地哭泣，我也会感到痛苦，那么我就是正在经历情感同理心。另一方面，如果我注意到了她的痛苦，但却产生了不同的情感，比如同情（我可能会想‘哦，可怜的小东西’），那么我表现出的是同情而不是同理心。同情通常指一种不会被分享的情感反应”。

克兹纳里奇写道，认知同理心或换位思考“涉及想象力的飞跃，认识到其他人的品味、经历和世界观与我们自己不同”。认知同理心的一个重要部分是识别我们自己的需求和沟通伙伴的需求。人们的需求有多种形式和大小，根据马歇尔·卢森堡的《非暴力沟通》，我整理了一份清单。

1. 自主性：目标、价值观、梦想、个人成长
2. 庆祝：出生、生日、结婚、失去、里程碑事件
3. 正直：原则、自我意识、学习、诚实、自我效能
4. 目标：贡献、意义、自我价值、学习、创造力
5. 人际关系：心理安全、尊重、支持、信任、理解、爱、认可、肯定
6. 玩耍：乐趣、欢乐、笑声
7. 精神交流：沉默、美丽、指引、知识、灵感、和谐、条理
8. 滋养身体：健康、食物、天气、休息、锻炼、住所、性表达、触摸

罗曼·克兹纳里奇在《同理心》一书中提出的一个主要观点是，有足够的证据表明同理心是可以习得的。克兹纳里奇说，通过扩展我们的共情能力，我们可以“把我们的想象力变得人性化”：“专家们一致认为，我们

个人同理心的多少是不固定的：我们可以在一生中发展我们的同理心潜能。我们的大脑可以发生惊人的改变，或者说具有惊人的‘可塑性’，使我们能够重新连接我们的神经回路。”

学会更好地展现同理心

> 如果没有同理心，就没有倾听。你可能会听到一些东西，但我不认为你可以倾听，除非你拥有同理心。
>
> ——卡罗尔·沃克

为了更好地掌握这个习惯和书中的另外九个习惯，我建议你采用三种方法：回顾过去、观察现在和展望未来。当我们回顾过去时，我们会思考过去与他人的互动，思考这些互动的过程，以及我们可以从中学到什么，这样我们就可以在未来进行更有效的互动。舍恩（Schön）将此称为对行动的反思。

当我们观察现在时，我们思考的是我们正在进行或观察的互动。例如，我们可以记录自己表现出同理心的次数，或者记录别人表现出或没有表现出同理心的方式。舍恩将这种思考方式称为行动中的反思。

展望未来就是为我们未来如何互动制订计划。当我们展望未来，试图表现出同理心时，我们会思考自己的想法和感受以及他人的想法和感受。基利昂和托德内姆（Todnem）将此称为实践反思。要真正地将习惯内化，我们可能必须多次回顾过去、观察现在和展望未来，无论是我们独自完成，还是与教练或团队一起。

本章的最后列出了六张表格，任何人都可以用这些表格来回顾过去、观察现在和展望未来。参与研究的志愿者报告说，他们发现用视频回顾他们的交谈，并在反思表格上写下他们的想法是最有帮助的。

带着同理心倾听

> 如果每个人都能成为更好的倾听者，尊重彼此的意见，那对每个人而言都会有很大的不同。
>
> ——米歇尔·吉尔伯特（Michelle Gilbert），
>
> 宾夕法尼亚州普利茅斯会议的一名教学教练

卡罗尔·沃克知道倾听有多重要。在过去的12年里，她在怀俄明州绿河市担任教学教练。在之前的26年里，她是一名中学西班牙语和英语教师，卡罗尔是我们全球沟通研究的参与者。在我采访卡罗尔时，她告诉我倾听对于她的教练工作而言有多么重要。她说道："如果我做不到倾听，我不认为我能成为一名教学教练。我就是通过倾听向沟通伙伴学习，为他们提供支持和鼓舞。有时，当我倾听的时候，我会帮助人们剥离一些外在的东西，这样他们就能看到自己的优势在哪里，哪里可能隐藏着冲突。"

卡罗尔说："倾听可能是教学教练最重要的工具。"但卡罗尔认为倾听在生活的各个方面都很重要。对卡罗尔而言，"倾听就像氧气。健康的亲密关系离不开它。当我倾听时，我在让沟通改变我。倾听为你打开了那扇门。但如果我不倾听，关系就会变得不健康，交流就会被玷污"。

经过多年的教学和辅导，卡罗尔已经明白倾听不仅需要我们不说话，还需要更多。在我们的采访中，卡罗尔说："很多时候人们混淆了沉默和倾听，倾听不仅仅是保持沉默。如果人的灵魂有倾听的器官，那么他们在倾听时就必须使用它们。”

为了成为一名更好的倾听者，卡罗尔广泛阅读，她告诉我她从书中学到了很多，特别是布琳·布朗（Brené Brown）的《脆弱的力量》和《无所畏惧》，马克·尼波（Mark Nepo）的《聆听的力量：7000种聆听的方式》，堂·米格尔·路易兹（Don Miguel Ruiz）的《通往心灵自由之路》和《这是我的人生，不是别人的》这几本书。对卡罗尔而言，倾听是一种生活方式，而不仅仅是一种沟通技巧，所以她非常愿意录下自己的交谈，并观看视频，看看她能学到什么。

考虑到倾听对卡罗尔而言有多么重要，她为我们的研究写的那段交谈被认为是她对自己的倾听方式感到失望的一段沟通，可能就不令人感到惊讶了。当卡罗尔回顾她的交谈时，她发现她更关注的是她的沟通伙伴是如何交流的，而不是他/她交流了什么。反思自己的沟通后，卡罗尔在她的反思表格上写道：“我非常失望，我自己与一个话题的分离会导致与一个人关系的分离。我还有很多工作要做。当别人需要我的倾听时，就需要更少一些我自己。”

我们要努力倾听

> 我了解到，很多人都喜欢有人在他们选择的任何话题上几乎不去打断地听他们说话。我认为这说明了我们有多么渴望个人时间。没有多少人能负担得起私人咨询，所以邀请人们坐下来，有机会就一些紧迫的话题敞开心扉可能是一件好事。
>
> ——一名研究志愿者

在和别人交谈时，我正在努力不以紧迫感打断别人，在说话人结束之前不做出回应。

——凯西·德维莱尔（Kathy DeVillers），威斯康星州绿湾地区公立学校一名专业学习专家

大多数人都认识到了倾听的重要性。几乎每一本沟通、人际关系或领导力方面的书籍都认为倾听至关重要。然而，当我们全球沟通研究的参与者观察自己在交谈中的沟通方式时，他们通常首先注意到的是，他们需要成为更好的倾听者。凯西·德维莱尔反思道：“我一直都知道我说话速度很快，而且会打断别人，但我从来没有意识到这在多大程度上影响了我真正倾听别人说话的能力。”当人们观看他们自己的视频时，他们通常会发现，正如丽贝卡·詹金斯（Rebecca Jenkins）所写的那样：“我总是低估了我说了多少话，高估了我听了多少话。”

那么，好的倾听者该怎么做呢？从某种程度上来说，良好的倾听应该是我在第2章中所写的“更好的沟通的信念”的自然产物。如果我们把沟通对象视为平等的伙伴，那么沟通就应该是来来回回的。如果我们真的想听别人说什么，那么我们就应该更好地倾听。我们应该……但我们的全球沟通研究表明，我们并不总是会按照自己的想法行事。

因此，我们需要学习和练习一些简单的习惯，这样我们的行动才能体现我们的信念。如果我们反思自己的信念，并采取行动养成一些高影响力的习惯，我们就能成为更好的倾听者，并开始进行更好的沟通。这些策略很简单，任何人都可以掌握它们，当你严格地运用它们时，它们会让你成为一名更好的倾听者，一位更有效的领导者，以及一个更好的朋友。

策略1：投入地倾听。第一条倾听策略很简单，但绝对至关重要，那

就是投入地倾听对方。当我们投入地倾听时，我们就是决定让对方说话，这意味着我们不会用自己的话来填满沟通间隙。说起来容易，做起来难。一名研究志愿者写道，对她而言，仅仅是努力让沟通伙伴说话就有多么困难：

> 我对我说服沟通伙伴的次数感到非常震惊。我说的每句话都是在表达同意、鼓励等，但当我听自己的录音时，感觉自己说的话非常粗鲁。我很惊讶自己会说这么多话来说服沟通伙伴。我心里一直都意识到了这一点，但我从来没有阻止自己这么做，因为我的评论总是支持性和鼓励性的。然而，听到自己的交谈后，我感到非常震惊。这样说非但没有鼓励到对方，反而显得很粗鲁，我很好奇其他人是如何忍受我这种行为的。

倾听的挑战之一是，我们常常没能意识到我们没有在倾听。尤其是我们的电子设备可以在一微秒内把我们从交谈中拉走。研究中的许多参与者证实，他们的技术设备使他们更难与人交谈。贝丝·麦迪逊（Beth Madison）写道："在和别人交谈时，如果旁边有一台打开的笔记本电脑，即使我们只是瞥了一眼，都可能导致交谈中断。"一位参与者写道，她必须学会如何避免分心："现在，当有人想和我说话时，我会起身离开电脑和办公桌。我会找个没有什么干扰的地方坐下。"

我们可以看到，也同样能感受到真正的倾听。当你和住在2 000英里[①]外的姐姐打电话时，你能分辨得出来她有没有在倾听。显然，你能感觉到身边的人有没有在倾听你说话。真正的倾听能在人与人之间建立真正的联系。如果你选择确保自己真的在倾听你的沟通伙伴，他/她会知道的。你也

---

① 约合3 218千米。——译者注

会的。

策略2：做倾听者，而非说话者。好的倾听者会给别人很多说话的机会。因此，你应该学会问自己：“我是倾听者还是说话者？”如果你发现自己总是说话的那个人，那就试着扮演另一个角色，确保你的沟通伙伴是说话的人。

你可以通过很多方法把自己转变为一名倾听者。你可以决定去关心你的沟通伙伴想说什么。你也可以向与你交谈的人提出问题，而不是告诉他/她你要说什么。你可以把每一次互动都看作一个机会，让对方告诉你一些你不知道的事情，把每一次沟通都看作一个学习的机会，而非一个诉说的机会。你可以用问题来了解你的沟通伙伴。一名好的谈话者会让对方说话。

随着交谈的进行，对自己进行辅导，检查一下情况，问问自己：“我是说话的人，还是倾听的人？”如果你是说话的人，那就表明一个观点，提出一个问题，把发言权还给你的伙伴。我们研究的参与者必须使用元认知策略来让交谈围绕着对方展开。米歇尔·吉尔伯特写道，她必须告诉自己，“这个人说话是因为他们渴望有人听他们说话，而且他们有话要说”。另一名志愿者写道，她意识到“有时我在想我会怎么做，或者我眼中伟大的想法是什么，我并不总是正确的。我需要释放我的大脑，只是倾听”。

策略3：在答复前先暂停下来，思考一下。即使你全心全意地倾听，你仍然有可能被认为是一个糟糕的倾听者。对某人所说的话做出漫不经心的回应可能会否定另一个人的评论，造成与根本不听同样的影响。假设有人来找我说说他/她的建议或想法，我不假思索地迅速回答：“哦，这行不通。我们以前试过，但总是失败。”我可能听到了这位同事说的话，但我的评论造成了与没有听同样的影响，因为我的话说明了沟通伙伴说的话对我没有任何影响。俄勒冈州波特兰市罗伯特·格雷中学校长也曾说：我会在回应之前停下来认真思考。我总是会回想起一句话：把每一次交流都看作一个机会，让别人告诉你一些你不知道的事情。

一条更好的策略是在回应之前暂停一下，问问自己："我要说的话会开启还是结束这场沟通？"如果我的评论会让我的沟通伙伴闭上自己的嘴，那么我应该找到另一种方式来回应，或者什么都不说。但是，倾听不仅仅是听到了这些话。你可能有过这样的经历，某人会鹦鹉学舌地复述你说的话，但他似乎并没有真正在听你说话。倾听是听到了一些话，并且一定要消化它们。当我们倾听别人说话时，我们必须确保我们把他们的话听进去了，然后我们需要发表评论，确实地表明我们听到了他们所说的话。这里有两种技巧，而且都很重要。首先我们停下来，然后在开口之前先想想要说些什么。

当我们停下来的时候，我们要考虑到《一次对话定成败》一书的作者苏珊·斯科特（Susan Scott）在她的演讲中所描述的"甜美的纯粹沉默"。对一位研究参与者来说，学会保持安静是一项重要的技能。她写道："沉默是可以的，即使在一段时间内可能会感到不舒服。我们有填补沉默空白的倾向。"同样地，马克·尼波也曾写道："倾听将世界联结在一起。因为倾听是通往一切重要事物的大门。它使心脏活跃了起来，就像呼吸使肺活跃了起来一样。我们倾听是为了唤醒我们的心。我们这样做是为了保持生机和活力。"

马歇尔·古德史密斯在他的《领导力精进》一书中对倾听的力量做了很好的描述。古德史密斯将弗朗西斯·赫塞尔本（Frances Hesselbein）描述为"他心目中永远的英雄之一"。古德史密斯告诉我们，彼得·德鲁克（Peter Drucker）认为赫塞尔本是“他认识的最优秀的高管”。古德史密斯写道：

弗朗西斯·赫塞尔本在很多事情上都做得很好，但有一件事她做得最出色。她说话前会先思考。因此，她是一位世界一流的倾听者。如果你问她这是否是一种被动的姿态，她会向你保证，这需要很强的自律，尤其是当她对自己所听到的话感到不安的时候。毕竟，我们大多数人在生气时会做什么呢？我们会说话（而且不是用外交官那种经过仔细斟酌的语调）。

我们不开心的时候会做什么呢？我们会说话。

当我们感到困惑、惊讶或震惊时，我们会做什么呢？我们还是会说话。可以预料到的是，我们可以看到对方在预期我们会不假思索地如自动反射般说出刺耳的话语时几乎畏缩不前。

但弗朗西斯·赫塞尔本却不会这样做。如果你告诉她世界末日即将来临，她会在开口之前思考，而且不仅会考虑她要说什么，还会考虑她要如何表达。

尽管大多数人认为倾听是我们在不说话时所做的事情，但弗朗西斯·赫塞尔本知道倾听是一种分为两部分的策略。有一部分是真正倾听的部分，还有一部分是我们说话的部分。说话的部分决定了我们如何被视为倾听者。我们所说的话可以证明我们有多善于倾听。它们是同一枚硬币的两面。

策略4：不要打断别人。如果你觉得前三条策略太难，有一个简单的方法可以让你在一夜之间提高倾听的技巧，那就是，当别人说话时不要打断他们。当我们打断别人时，我们是在以一种比较直白的方式向他们表明，我们认为他们说的话并不重要，我们的评论要重要得多。

倾听是向他人表达尊重的一种重要方式。当我们真正倾听他人时，我们就有机会进入更深层次的交流。以真正倾听为特点的沟通对参与对话的各方而言都是人性化的。当我们真正倾听别人的话语时，我们就是把他们视为重要的人，认为他们的想法、内心和灵魂都很重要。另一方面，当我们打断别人时，我们就是把别人当成了地上的一样物品，只是为了帮助我们得到我们想要的东西。我们应该多久打断别人一次？永远不打断，如何？

学会更好地倾听

有很多很棒的书讲述了要如何成为一名真正优秀的倾听者。要成为一名优秀的倾听者，我们需要表现出同理心，正如罗曼·克兹纳里奇阐述的那样，这涉及理解别人的感受和他们的想法（尤其是他们的需求）。马歇尔·卢森堡写道，表现出同理心的一个有力方法是转述我们听到的别人说的话。乔伦·基利昂写过许多关于专业学习的有用书籍，她在全球沟通研究的反思表格中写道，要成为一名好的倾听者，她必须小心，不让问题干扰她真正倾听的能力。史蒂芬·柯维把倾听的重要性描述为一种理解他人范式的方式。

所有这些想法都很重要，但我认为它们代表了倾听的第二层次。当你习惯了倾听别人说话时，你应该考虑通过实施这些新做法来改善你的习惯。但第一个任务就是停止说话，去听对方说什么。几乎所有学习倾听的参与者都表示，他们的倾听能力有所提高，因为他们没有尝试去做太多的事情。（1）投入地倾听。（2）确保你的沟通伙伴是说话的人。（3）在回应之前暂停一下，问问自己，“我的评论会开启还是结束这场沟通？”（4）不要打断别人。这四条简单的策略为我们带来了足够大的挑战。当这些策略成为习惯时，你就可以进入第二层级，也许可以通过阅读“深入阅读”部分中介绍的一些图书来实现。

通过内化这四条简单的策略（可以独自完成，也可以与伙伴或团队一起），以及运用本章末尾包含的“回顾过去”、“观察现在”和“展望未来”反思表格，你一定能做到更好地倾听。

你可以用“回顾过去”表格回顾交谈，评估你的兴趣和倾听的效率，并确定你可以做些什么来更好地倾听。你可以用“观察现在”表格思考你在周围看到的良好倾听的模式，建立你自己对良好倾听的理解，并确认你心目中良好倾听的重要策略。你可以用“展望未来”表格让自己准备好真正倾听别人说的话，并通过考虑沟通伙伴可能感受到的情绪和需求来达到倾听的第二层级。

小　结

本书讲述的习惯1是表现出同理心，因为沟通在很大程度上依赖于对他人的理解。当我们表现出同理心时，我们会超越心目中的刻板印象，不再把人视为物品，而是会开始将他人视为独特的主体。马丁·布伯将此称为“我—它”之间的区别。

罗曼·克兹纳里奇确定了同理心的两个组成部分：

1. 情感同理心“是关于分享或反映另一个人的情绪”。

2. 认知同理心“涉及想象力的飞跃，认识到其他人与我们有不同的品味、经历和世界观”。

马歇尔·卢森堡认为，识别他人的需求是同理心的重要组成部分。

倾听是更好的沟通中最重要的一个习惯。全球沟通研究的参与者在回顾自己的视频时，几乎总是想要提高自己在倾听方面的能力。

如果我们接受更好的沟通的信念，特别是“我们把沟通伙伴视为平等的，沟通应该是来来回回的，以及我们真的想听别人说什么”这几条信念，那么我们应该带着同理心去倾听。我们应该这样做，但遗憾的是，情况并不总是如此。要成为有效的倾听者，我们的习惯需要与我们的信念保持一致。

在本章中，我们确认了4个策略来培养有效倾听的习惯：

1. 投入地倾听。

2. 确保你的沟通伙伴是说话的那个人（做倾听者，而非说话者）。

3. 在说话之前暂停一下，问问自己：“我的评论会开启还是结束这场沟通？”

4. 不要打断别人。

深入阅读

罗曼·克兹纳里奇的《同理心》是一部很好的概述同理心的作品。克兹纳里奇引用了神经科学的研究，证明了我们不仅仅是霍布斯（Hobbes）、史密斯（Smith）、弗洛伊德（Freud）和道金斯（Dawkins）等作家描述的自私自利的存在。克兹纳里奇提供了同理心的有用定义，特别是他区分了认知同理心和情感同理心。如果你对为什么同理心很重要以及如何培养自己表现出同理心的能力感兴趣，那么这本书值得一读。

克兹纳里奇和我一样，都很感谢马歇尔·卢森堡所写的《非暴力沟通》，这本书几近诗意地描述了同理心的重要性，它是有意义人类互动的一种基础性支持。卢森堡提出，当我们把人当作物品对待时，也就是说，当我们没有充分理解他们的人性和对自由的需要时，我们就会对他们实施比身体暴力更具破坏性的暴力。他的书描述了一种互动理论，这种理论基于这样一种信念：每个人都能拥有同理心，通过同理心或同情心，我们可以超越“对与错”的沟通，进入更有意义的对话，解决我们的需求。

如果你对共情理论在心理学、生物学、生命意义、社会结构以及对我们未来的影响中所扮演角色的学术阐述感兴趣，请参阅杰里米·里夫金的著作《同理心文明：在危机四伏的世界中建立全球意识》。

最早影响我对倾听做思考的书是史蒂芬·柯维的经典著作《高效能人士的七个习惯》，这本书于1990年首次出版。就像戴尔·卡耐基（Dale Carnegie）的《如何赢得朋友及影响他人》一样，柯维的《高效能人士的七个习惯》对与他人互动的人，也就是说，对每个人给出了许多明智的建议。柯维的建议是“知彼解己”，这对在21世纪从事交流活动的人来说仍然是很好的建议。

马歇尔·古德史密斯的这本短小精悍的书《领导力精进》也为沟通者提供了极好的建议。学习并牢记古德史密斯提出的20个习惯的人都会更快乐、更成功，而且很可能成为一个更好的人。

在早些时候，我引用过卡罗尔·沃克对马克·尼波的《聆听的力量》的描述，尼波将倾听定义为一种生活方式，而不仅仅是一种沟通习惯。他的思想方法不会对每个人都有吸引力，但许多人认为这本书是过上美好生活的必读书。

回 顾 过 去

表现出同理心

用这张表格回顾一段你曾经试图表现出同理心的沟通。试着找出你做得好的地方、可以改进的地方，以及应该在未来的沟通中做出的改变。

你将什么假设或先入之见（如果有的话）带入了沟通，令你难以带着同理心倾听？

你的个人利益、观点、判断或恐惧如何干扰了你带着同理心倾听的能力？

你在多大程度上能敏锐地发现沟通伙伴感受到的情绪？

你在多大程度上理解了你的沟通伙伴说出来的和没有说出来的需求？

未来你应该做出哪些改变来更有效地表现出同理心？

观 察 现 在

表现出同理心

当你有刻板印象时，用这张表格来识别和记录你对所有你与他人互动的评论，并运用你的想象力来做出更多的同理心反应。在下面的空白处记录你的刻板反应、你调整后的同理心反应，以及在选择带着同理心看待他人后，你对自己和他人获得的了解。

刻板反应

同理心反应

刻板反应

同理心反应

刻板反应

同理心反应

我学到了什么

展 望 未 来

表现出同理心

用这张表格来为你即将进行的沟通做准备，你打算在这段沟通中表现出同理心。尽最大努力充分考虑你对沟通的想法和感受，以及沟通伙伴的想法和感受。

你将什么假设或先入之见带入了沟通，可能会让人难以带着同理心倾听？

你预期沟通伙伴可能会感受到什么情绪？

你认为目前你的沟通伙伴对你们未来的沟通有什么需求？

对于理解沟通伙伴的观点和情绪，你还有什么其他想法吗？

回 顾 过 去

倾　听

在录下一段你尝试运用倾听策略的交谈后，填写这张表格。你可以在观看交谈时填写，也可以在看完后完成。

按照1—10分打分，你对对方说的话有多感兴趣？

不感兴趣 ○-○-○-○-○-○-○-○-○-○ 非常感兴趣
1 2 3 4 5 6 7 8 9 10

下次你能做些什么改变来更专注于你的沟通伙伴要说的话？

你做了多少分钟的说话者或倾听者？

说话者	倾听者

下次你能做哪些改变来更多地倾听？

你做了什么来开启或结束这场沟通？

下次你能做些什么改变来鼓励你的沟通伙伴敞开心扉？

作为一名倾听者，下次你还能做些什么改变来提升自己？

观察现在

倾听

你观察了哪场交谈，来了解人们是如何倾听的？

这场交谈的主题是什么？

按照1—10分打分，人们互相倾听的程度如何？

糟糕 ○-○-○-○-○-○-○-○-○-○ 很好
1 2 3 4 5 6 7 8 9 10

你发现人们会使用什么策略或习惯来表现他们似乎在倾听？

当有人倾听他们说话时，人们有什么反应？

你发现人们会使用什么策略或习惯来表现他们似乎在倾听？

当对方没有在倾听他们说话时，人们有什么反应？

关于应该如何倾听他人，你学到了什么？

展望未来

倾　听

你打算在什么样的交谈中练习带着同理心倾听？

按照1—10分打分，你预期对这场交谈有多感兴趣？

不感兴趣 ○-○-○-○-○-○-○-○-○-○ 很感兴趣
1 2 3 4 5 6 7 8 9 10

按照1—10分打分，你有多投入地带着同理心倾听？

不投入 ○-○-○-○-○-○-○-○-○-○ 投入
1 2 3 4 5 6 7 8 9 10

你能做些什么来提高你的兴趣和投入程度？

你能做些什么来确保交谈的焦点是别人而不是你自己？

你整理好你的想法了吗？你还需要做些什么来确保你准备好了不带偏见而带着同理心去倾听？

你能做些什么来确保你在关注他人的情绪和需求？

第4章

促进对话

对话……是一种利用人与人之间差异的能量创造出前所未有事物的方式。它会使我们远离两极分化，进入更宽泛的常识，因此是一种获取众人智慧和协调力量的方法。

——威廉·艾萨克

在对话中，有一刻我们让学生们一起用她的想法完成一项任务，那个时刻很美好。我需要更多这样的时刻。

——埃米莉·曼宁

倡导想法的5个策略	鼓励探询的4个策略
1. 考虑他人的想法和感受。	1. 保持谦逊。
2. 阐明词语和概念的含义。	2. 带着同理心倾听。
3. 提供他人需要的情境信息。	3. 接受新的想法。
4. 识别我们的错误假设。	4. 表露自己的观点并暂时放下假设。
5. 用故事和类比来生动地表达想法。	

珍妮弗是北加州一所小学的教学教练。在我们的全球沟通研究中，她尝试实践了习惯3“促进对话”。珍妮弗阅读了我们项目的材料，并且更深入地阅读了戴维·伯姆的《论对话》。她说道：“我觉得这本书太棒了，它帮助我了解我的思维过程，以及一切事物是如何相互联系的。”

为了促进对话，珍妮弗需要改变她与他人互动的方式。她努力地不做评判，保留假设，提出问题，带着同理心倾听，而非诉说。她想积极地展开沟通，同时确保自己的想法和语言不会妨碍这些沟通。她还录下了自己的交谈视频，从不同的角度看待自己的表现。

第一位同意与珍妮弗合作的是一位有着近40年教学经验的3年级教师。最初，这位教师对辅导并不感兴趣，她曾经邀请珍妮弗去她的班级上过一堂示范课，但仅此而已。不过，当珍妮弗把沟通实验的事情告诉她时，她同意与珍妮弗合作。

她们见面后，从批改学生的作业开始谈起，并特别谈到了一名学生，这名学生正在努力理解信息型写作和说服型写作之间的区别。为了促进对话，珍妮弗打算对同事的评论不做任何假设，而仅仅只是倾听并认可她的沟通伙伴。珍妮弗说："我注意到，我一直想做出评判，我必须告诉自己，'不要那样做！'我专注于尊重她的意见，并提出一些问题，帮助她谈谈自己的假设，以及她对这个学生的看法。这样做的效果很好。"

珍妮弗在接受我的采访时说：

> 我试着更有意地转述她说的话，同时也提出了更深层的问题。对话的原则是如此的简单。尊重对方。愿意谈论对方的想法。或许可以帮助他们考虑采用新的思维方式。真是令人感到愉快。

珍妮弗在反思表格中写道：

> 对话真的帮助我以一种有形的方式展现出了我对这位女士的尊重。在对话过程中，她的肢体语言变得柔和起来，一度热泪盈眶，似乎明显松了一口气。我离开时，她拥抱了我，邀请我下次再来！我都不知道对话怎么会变得这么愉快！

交谈的结果是，这位教师想出了一个激励学生的新方法，不久之后，她给珍妮弗发了一封电子邮件，告诉她这个策略起作用了，这条策略就是"让学生写一些对他/她而言真正重要的事物，这样做可以激发其内心的大量情感，让其明白为什么写作需要更专注于自己可以提供证据支持的事物"。不久之后，这位教师邀请珍妮弗到她的班级去看学生们的作文和他们写作时的热情。珍妮弗写道："看到这些真是太开心了，因为这是我们一起想出来的点子。"

这位教师继续不断地成长。她开始意识到，在学习中孩子们可以从更多地发声中受益，珍妮弗告诉我，“在我们做了这件事之后，整个班级都感受到了这位教师的兴奋之情”。珍妮弗和其他教师的沟通“真正展示了对话的力量”。让珍妮弗感到惊讶的是，促进对话的习惯不仅帮助她在事业上更上一个高度，而且还对她的个人生活产生了不小的影响。珍妮弗在接受采访时告诉我：

> 正是因为改进对话的一系列行动，我对丈夫有了新的理解。我们结婚34年了，曾经接受过很多心理治疗。对我个人而言，最近我第一次经历这种“啊哈”的时刻！在那一刻，我意识到我需要改进些什么。现在我知道，我必须改变多年来我对自己讲的那些故事。我必须暂时不做评判，做一个会反思自己的沟通伙伴。就我个人而言，我觉得自己成长了很多。甚至在友谊中，我也意识到我需要放开一些。这让我的生活发生了巨大的改变。我开始把人看作伙伴，而非一个个项目。

什么是对话？

> 我感兴趣的那种谈话，是你一开始就愿意表现出自己是一个略微不同的人。它永远是一场实验，结果永远无法保证。这种谈话会有风险。这是一场冒险，我们同意一起烹调这个世界，让它尝起来不那么苦。
>
> ——西奥多·泽尔丁（Theodore Zeldin）

珍妮弗所经历的生活变化是从自上而下的沟通方式转变为了对话，这样的转变确实可以改变生活。在传统的自上而下的谈话中，目标通常是确保信息被清晰地传达和接收，人们会试图清楚地解释他们的想法，然后说服其他人接受他们的解释。这与对话相反。

正如珍妮弗的故事所阐明的那样，对话的目标是在交谈中，各方都能理解、听到、塑造彼此的思想并被彼此的思想所塑造。因此，对话是一种学习型交谈。正如我们将探讨的那样，养成促进对话的习惯有现实和道德上的原因。

促进对话的现实原因

> 当人们巧妙地进行对话时，可能会带来令人惊奇的结果：人们会消解长期存在的刻板印象，克服不信任，实现相互理解，塑造出植根于共同目标的愿景，从前存在意见分歧的人们会在目标和战略上达成一致，发现新的共同点，获得新的观点和见解，激发新的创造力，加强社群纽带。
>
> ——丹尼尔·扬克洛维奇（Daniel Yankelovich）

对话型交谈是更好的沟通，因为它们能带来更好的结果。传统的自上而下的谈话只会导致两种结果，要么权力斗争，要么避免冲突，而且两者都不会促进学习。

自上而下的谈话可能是主动的或被动的权力斗争，参与各方会试图将自己的想法强加给对方。在主动的权力斗争中，两个或两个以上的人会一决雌雄，或者试图通过自己的言辞和坚定的信念说服别人，即他们的想法是正确的，其他人应该采纳他们的想法。戴维·伯姆的《论对话》是对话思想史上具有开创性的文献，他将这种对话描述为一场乒乓球比赛，“人们在这里来回接发想法，游戏的目标是赢得比赛或让自己得分”。

在被动的权力斗争中，人们只会屈服于最响亮或最强的声音而不做斗争。这通常发生在一个人比其他人拥有更多权力的时候，比如当校长和教师讨论这位教师的评价时。通常情况下，被动的权力斗争是一种被忍受并很快会被遗忘的谈话。在自上而下的谈话结束时，这个人以非语言的方式表达了他的理解和同意，但在内心深处，此人知道自己并不打算去做被告知要做的事情。

当参与者专注于避免冲突而非说出真相时，自上而下的谈话也无法产生结果。在避免冲突的谈话中，参与者认识到冲突可能会导致痛苦的感觉，所以他们会花更多的时间来避免冲突，而不是说出自己的想法。当人们说出一些可能有些矛盾的话时，他们是在尝试分享自己的想法，更多时候会把自己的想法藏在心里。

在避免冲突的谈话中，每个人都会努力保持表面上的和谐，尽管与此同时，他们可能也会因为无法说出自己的想法而感到沮丧。在最糟糕的情况下，无论是一对一的还是一群人的，避免冲突的谈话都会是令人沮丧的和无聊的，因为人们无法自在地说出自己的想法。如果你发现自己在谈话中感到无聊和心不在焉，那么你很可能正在经历一场避免冲突的谈话，和你交谈的人很可能会数着时间直到谈话结束。

对话才是更好的交谈。在对话中，参与者会带着同理心倾听，尊重并鼓励他人说出自己的观点。因此，在对话中，人们会说出自己的想法，而且他们会以一种鼓励开放交流而非封闭谈话的方式进行交谈。威廉·艾萨克在《商业对话艺术》一书中提出了一个简单的问题，我们可以问问自己这个问题，看看我们正在经历的是否是对话："这场谈话拥有能量、可能性和安全感吗？"如果没有，那我们可能就不是在对话。

进行对话的道德原因

> 我认为我在对话工作中取得的最大成功是我在与另一个人进行愉快对话时获得的快乐。我通常会带着“希望自己是对的”的态度与人交谈。我生长于一个军人家庭，有三个兄弟，我觉得我需要证明我所相信或想做的一切。在交流中，我从我的自私想法中走了出来，真正地专注于保持谦卑，不去假设我的方法是正确的，真诚地倾听对方，让对话顺利进行，而且我在倾听的时候没有想接下来我要说什么。我真的觉得我通过这种对话方式建立了信任。
>
> ——妮科尔·巴顿（Nicole Patton），
>
> 爱荷华州约翰斯顿市的一名教学教练

当两个或两个以上的人聚在一起学习如何思考时，会有显而易见的好处。正如彼得·圣吉（Peter Senge）在《第五项修炼》中所写的那样，当我们一起拥抱对话时，“我们可以比单个人更富有洞察力、更睿智。团队的智商可能比个人的智商高得多”。进行对话有显而易见的现实原因，但促使对话发生的更可能是道德原因。

传统自上而下的沟通模式的根本问题在于，人们总是把自己的信息强加给他人。因此，在自上而下的谈话中，有些人根本没有机会说话。当我们让其他人沉默时（正如马丁·布伯、保罗·弗莱雷、戴维·伯姆和其他许多人解释过的那样），我们没有意识到他们是完全活着的、完整的人。自上而下的谈话把别人变成了物品，变成了吸收我们想法的容器，而非沟通伙伴。这就是为什么伯姆写道，“如果有人不听你的基本假设，你会觉得这是一种暴力行为”。

对话涉及尊重他人，认为他们和他们的想法是合理的，并回应我们普遍的、深刻的被倾听、被认可和与他人联系在一起的渴望。自上而下的谈话会使我们分裂，但对话因为涉及真正的倾听和就重要话题展开开放的、创造性的对话，会使我们团结起来。出于这些原因，保罗·弗莱雷写道："对话有存在的必要。"

自上而下的沟通不仅会使那些沉默的人失去人性，也会使那些赢得对话的人失去人性。人们可能达到了目的，但因为不知道别人的想法和感受，他们错过了与人们建立联系的机会。自上而下的沟通不仅孤立了输家，也孤立了赢家。保罗·弗莱雷将对话称为赋予彼此人性的谈话。因此，自上而下的谈话可以被理解为使彼此失去人性的谈话。

为什么对话很困难?

既然对话能建立人际关系并改善思维，为什么这种互动形式不那么常见呢？答案很简单：促进对话并不容易。我们会成为自上而下沟通习惯的牺牲品，很大程度上是因为这样做看起来更容易。唯一的问题是，这样做通常也不会成功。经过一些努力，我们可以养成对话的习惯，但要做到这一点，我们必须了解我们面对的是什么。

对话困难的一个原因是，我们受困于对现实习以为常的假设和观点。伯姆阐述道：

> 每个人都有不同的假设和观点。它们是基本的假设，而不仅仅是表面的假设，比如关于生命意义的假设，关于你自己的利益，你的国家的利益，或者你的宗教利益，关于你认为真正重要的事物……当这些假设受到挑战时，人

们就会维护它们。人们常常忍不住要维护它们，而且倾向于通过情感上的指责来做这件事。

我们的假设会造成沟通混乱至少有两个原因。首先，我们会透过假设来解读他人表达的信息，这会妨碍我们倾听的能力。我经常在关于最佳教学实践的交谈中看到这种情况。例如，如果一名教师假设教学应该是建构主义的，而另一名教师假设教学应该包括直接的指导，两名教师可能很难就什么对学生最好达成共识。因此，只有当人们表露自己的观点并批判性地分析他们的假设时，真正的对话才有可能。

其次，人们常常无意识地紧紧抓住自己的假设不放。我们的假设可以为我们提供一种世界观，一种是非观念，以及一种理解我们的职业和个人生活的方式。通常，我们的假设与我们的生活工作、我们对他人的忠诚以及我们的精神或词源信念紧密相关。因此，当我们的假设受到挑战，我们对朋友、工作、对与错的信念受到挑战时，我们的存在似乎就受到了威胁。当人们被要求重新考虑他们的假设时，难怪他们会愤怒。

让我们思考一种经典而复杂的互动：一场发生在美国感恩节晚餐期间的谈话。因为我们的假设是与生活中的情感和道德观点联系在一起的，像枪支管制这样的话题会触及人们对自由、爱国主义的信念，会让整个餐桌上的讨论戛然而止。有些话题可能会让人感到很不自在，以至于根本无法讨论。然而，正如戴维·伯姆所写的，“如果我们不能交流和分享意义，爱就会消失”。养成促进对话的习惯并不容易，但是必要的。

如何促进对话

> 我在与孩子们进行交谈的过程中采用了这些方法，这样做真的让我和他们进行了一些很棒的对话。和他们交谈时，当我不去评判他们说的话，真正地倾听，平等地对待他们，我发现他们会和我分享更多。我喜欢戴维·伯姆的一句话：“如果我们不能交流和分享意义，爱就会消失……不过，如果我们真正地交流，我们就会拥有交情、参与、友谊、爱、成长与发展。”
>
> ——妮科尔·巴顿

> 说一句真话，就是在改变世界。
>
> ——保罗·弗莱雷

对话是一种来来回回的谈话，对话的所有参与者都能听到其他人在说什么，向他们学习并分享他们的想法。对话不仅仅是简单地吸收信息。事实上，如果我们所做的只是听别人说话（当然有些时候我们应该这样做），那么我们就没有参与对话。在对话中，所有的参与者都会积极地创造意义和一起思考。所有参与者都能听到并理解其他人所说的话，也能清楚地分享自己的想法。正如克里斯·阿吉里斯（Chris Argyris）等人在《行动科学》中所阐述的那样，对话包含相等的倡导和探询。

参加全球沟通研究的埃米莉·曼宁在她的反思表格上写道，这个项目帮助她更清楚地意识到该如何平衡沟通。她写道：“我注意到了我何时主导了沟通，何时在沟通中保持平衡。（我意识到）提出一些经过深思熟虑的问题来打开对话是很有帮助的。”

倡　导

如果人们不理解我们在想什么和说什么，他们就无法与我们“一起思考”。因此，为了参与有意义的对话，我们必须清楚地表达和倡导我们的想法。我们至少可以采用5个策略：（1）考虑他人的想法和感受；（2）阐明词语和概念的含义；（3）提供他人需要的上下文信息[①]，这样他们就能理解我们正在分享的内容；（4）识别我们的错误假设；（5）用故事和类比来生动地表达想法。

策略1：考虑他人的想法和感受。当我们理解沟通伙伴的想法和感受时，我们就更有机会清晰地沟通，因为我们可以用一种回应沟通伙伴主要关注点的方式来表达。因此，习惯1“表现出同理心”，是倡导我们观点的重要组成部分。当我们与他人交流时，首先要问的其中一个问题应该是：“对于我们的话题，其他人的需求和情感是什么？”

策略2：阐明词语和概念的含义。在写这一部分的时候，我已经是一个两岁孩子的父亲了，看和听卢克（Luke）学习说话是我生命中最大的乐趣之一。就在几个星期前，当卢克正在骑他的小三轮车时，他转过身说出了他人生中的第一句话：“爸爸，看！”每一个新单词和短语都在为卢克推开这个世界的大门，他可以用语言描述他看到的、想要的和不想要的事物。卢克在学习使用语言，这使他能够越来越容易地和我谈论他的想法。我和卢克都能听懂的单词越多，我们就会交流得越多。

① 也称情境信息。——编者注

成年人之间的交流也是如此。语言是不完美的，当沟通的参与者赋予语言不同的含义时，误解常常会出现。因此，在我们深入沟通之前，阐明我们所使用词语的意思是非常重要的。如果我们谈论的不是同一件事，我们就无法对话。

举个简单的例子可能会有所帮助。我经常会听到一群教育工作者谈论学生参与的重要性，但当他们开始交谈时，很明显人们对参与的定义是不同的。当人们努力把自己的想法传达给那些误解了自己所说内容的人时，对话可能会呈螺旋式下降态势。例如，当一群教师学习菲尔·施勒希蒂（Phil Schlechty）对参与的定义时，他们的对话就会真正开始。在《学生参与：工作的下一阶段》（*Engaging Students: The Next Level of Working on the Work*）一书中，施勒希蒂区分了真正的参与、策略性遵从和退缩。当一群教育工作者通过采纳和理解施勒希蒂的术语对参与概念达成共识时，他们就可以开始进行清晰而有意义的对话。

策略3：提供上下文信息。根据《牛津英语词典》，上下文"是一篇文章或一个单词之前或之后的一个部分或多个部分……有助于揭示它的含义"。上下文是为了理解交谈内容我们所需要的附加信息，或者按照《牛津英语词典》的表述，是"环境条件（或）一组环境"，可以帮助我们理解所交流的内容。

当我们分享我们的想法、点子和感受时，为我们分享的内容提供上下文是很重要的。例如，如果一位教师正在分享她对某位学生的辅导建议，通过分享她对这位学生的了解或她在这种做法方面的经验，或许她可以增进理解，增加对话的机会。当每个人都了解相同的上下文信息时，那么大家可以一起思考的机会就会大得多。

策略4：识别你对知识的错误假设。我们对自己所知事物的错误假设（错误的认知）或对谈话对象所知事物的错误假设（知识的诅咒）也会使他人难以理解我们所说的话。

一种是错误的认知。我们不清楚的一个主要原因可能是我们假设我们对一个话题的了解比自己实际所知道的更多。我们认为我们说得很清楚，但事实上，我们要么没有说清楚，要么没有像我们所认为的那样就一个话题进行了深入的交流。我看过许多教练充满信心地描述教学策略的视频。遗憾的是，尽管这些教练自信满满，但他们对这些策略的描述往往很肤浅，他们会忽略重要的信息，甚至做出不正确的陈述。我必须承认，我提到的这些视频中许多个视频的主人公就是我。

另一种是知识的诅咒。在《行为设计学：让创意更有黏性》一书中，作者奇普·希思（Chip Heath）和丹·希思（Dan Heath）谈到了“知识的诅咒”，当我们学习一些事物时，可能会落入“知识的诅咒”的陷阱。他们写道：

> 当我们知道了一件事时，就很难想象不知道它的时候是什么样子。我们了解的知识诅咒了我们。我们也很难与他人分享我们的知识，因为我们无法轻易地重塑听者的心理状态。

策略5：运用故事和类比。最后一种阐述得更清楚的方法是运用故事和类比。故事有许多功能：它们使我们能够塑造或组织混乱的个人经历；它们能传达很简单或很复杂的，难以直接表达的真理；它们能帮助我们理解记忆和经历的意义；它们能促使我们解决问题，创造我们自己的意义；它们能将我们与更宏大的想法联系起来，也许最重要的是，将我们彼此联系起来。

在最好的情况下，一个故事能让别人看到正在讨论的任何事情的隐性维度。故事会将我们与那些知道并经历过类似事件的人联系在一起。好的故事会让我们想起人性。

尽管故事似乎是自上而下的，但实际上并非如此。故事确实是由讲述者诉说的，但只有当听者听到它并看到它对自己的个人意义时，故事才真正变得真实。故事能将事情讲清楚，但也为其他人在自己的环境中运用故事留下了空间。一个人创造并讲述了一个故事，而在合作交流中，听者在他们的脑海中重新创造了这个故事。正如理查德·斯通（Richard Stone）所评论的那样，听故事和讲故事一样具有创造性：

> 当你听到我的故事时，它就变得和你自己的故事一样熟悉，你甚至会感觉到它的真实和私密，特别是如果你把它再讲给另一个人听时……讲述过几次之后，这些轶事和故事的起源就不再重要了。它们有了自己的生命，渗透到了我们的体验中。

当我准备写这一章时，我和堪萨斯大学学习研究中心（University of Kansas Center for Research on Learning）堪萨斯辅导项目（Kansas Coaching Project）的同事开了个会。在那一个小时的会议中，我匆忙地忽略了几乎所有这些策略，这带来了一个可预测的结果。

当时我们正在写一份研究提案，关于一个全州范围内的教学辅导项目。参加会议时，我知道我们有很多事情要完成，但我很兴奋能和团队一起坐下来，敲定项目的步骤。

我们只有一个小时的时间，所以我问大家我是否可以列出我心目中接下来的步骤，在白板上写下我的想法后，我向每个人询问如何分解提案的每个组成部分。我很有信心我们很快就能制订出行动计划。

然而，小组成员并没有像我希望的那样迅速地列出行动步骤。事实上，他们有很多问题。这个项目将服务多少个教练？有多少个地区会参加？我们的标准是什么？我们的研究问题是什么？我想这些问题最终是可以解决的，但我感到很沮丧，因为团队在敲定计划细节方面的进展竟然如此缓慢。

这个团队还想探索项目的许多其他细节。他们想知道我们会多久与负责辅导教练的地区领导者互动一次，我们是否会要求他们分享自己辅导的视频，以及教练的教练是否必须得是真的教练。然后他们分享了他们共同制订的一份计划，他们已经通过电子邮件把这份计划发给了我，但我还没有读过，这让项目走向了另一个方向。

随着我们继续推进，我感到越来越沮丧，我相信我的队友也一样。来参加会议时，我满心希望能围绕一个令人兴奋的项目进行对话。能与我真正尊敬的研究团队一起工作，我也满怀热情和兴奋，他们曾经教会了我很多东西。但最后，我只希望会议快点结束。我的热情变成了顺从。我嘴里嘟囔着：“你何不直接按照你所想的去做？”从那一刻起，我就一直数着时间，直到会议结束。

回顾这场会议，我可以看到使它最终成为一场反对话灾难的几点原因。当然，主要的原因是我没有采用上文中描述的许多策略。我们对一些术语没有共同的理解，我也没有考虑过沟通伙伴可能需要什么或感觉如何。然而，我本可以为大家带来的最大的帮助可能是为每个人提供上下文信息，这样我们就可以真正地进行对话。如果我们在一开始就花时间确认每位成员对这件事情的理解，如果每位成员都有时间更清晰地了解我们的项目，我们可能就能展开一场有意义和有成果的对话，而不会因为我的不耐心最终浪费了每个人的时间。

探询

在对话中，我们必须说出我们的想法。然而，没有经过探询的倡导是反对话的，它会导致一场意志的竞争，其中最大声或最激进的辩论者会获胜。对话是一种伙伴关系式的活动，在这种活动中，两个或更多的人交流不是为了获胜，而是为了实现相互理解。正如威廉·艾萨克所写，

> 倡导意味着从一个观点出发，说出你的想法。探询意味着探索你还不理解的东西，或者试图探索可能不同于你的观点的他人的看法和理解……平衡倡导与探询意味着清晰而自信地陈述自己的想法以及这样想的原因，同时对犯错抱持开放的态度。它意味着鼓励他人挑战我们的观点，并探索可能阻止他们这样做的原因。
>
> ……
>
> 学会一起探询重要的事情是我能想象到的最重要的工作之一。我们的孤立，我们在地位和角色上的投入，我们对自身限制的防卫，导致了我们只能独自思考。对话代表了人类的新境界——也许是真正的终极境界。在其中，我们可以认识我们自己以及我们与所有生命的关系。

你可以采用一些策略来鼓励探询。其中最强大的4个策略是：(1)保持谦逊；(2)带着同理心倾听；(3)接受新的想法；(4)表露自己的观点并暂时放下假设。

策略1：保持谦逊。如果我什么都知道，那就不需要进行对话了。对话是一种来来回回的交谈，让对话双方可以相互学习，如果我已经什么都懂了，那就不需要再学了。这就是为什么保罗·弗莱雷写道："没有谦逊就没有对话。"当我们养成习惯3"促进对话"时，我们就谦逊地放下了只存在

一个正确答案（我们自己的答案）的执念！然后取而代之的，我们选择将对话视为思想的试验场。对话是我们与他人共同构建起来的，所以对话中的每个人都可以学习和成长。

埃德加·沙因在《谦逊的问讯：以提问取代教导的艺术》一书中写道，谦逊“在最普遍的意义上，指的是给予别人比他/她所要求的更高的地位”。在我看来，在对话中，谦逊拥有一层略微不同的含义，那就是愿意犯错。当我们保持谦逊时，我们会清楚地表达自己的想法，但只是暂时抱有这个观点，我们会接受自己可能错了，因为我们更愿意学习而非取胜。

那么，如何才能变得谦逊呢？有可能做到“非常擅长”谦逊吗？也许我们需要先从一个简单的方法做起。在一开始，我们至少应该努力控制我们的自我中心和骄傲，就像驯狮人用鞭子把野兽关在笼子里一样。我们可能永远无法达到特蕾莎修女那般圣洁的谦卑，但我们至少可以意识到自身的骄傲、对正确的渴望会阻碍我们不断学习的能力。

我们可以运用我们的想象力来理解为什么我们应该比现在更谦逊。首先，当我们诚实地思考自己取得的成就时，我们可能会发现，之所以能够取得这些成就，是因为我们从别人那里获得了想法、支持和灵感。其次，如果我们认真思考，我们应该会发现以自我为中心是一种不吸引人的个人特质，缺乏谦逊的态度会让别人很难做到尊重我们。也许我们不能完全改变我们所面对的世界，但我们可以学会正确地看待事物。带有讽刺意味的是，当我们停止自私时，好事（学会更多和实现成功）就会发生。

埃米莉·曼宁在她的反思表格上写道，当她和新教师一起工作时，她必须提醒自己，新教师仍然需要听到一些知识和观点。埃米莉写道：“我需要提高我的提问能力，而且要真正注意到，尽管她是新人，但她也有想法和观点可以提供。我需要在我们的谈话中提供更多的空间，这样我们才能共同构建对话。”

如果交谈的主要目的是学习，那么我们最不应该做的事情就是仅仅寻找看待世界的视角与我们相同的人来确定自己的理解是否正确。毕竟，如果我们确定自己知道一切，不需要学习，那么我们几乎一定是错的。

策略2：带着同理心倾听。在第3章中，我描述了为什么带着同理心倾听很重要，并概述了一些我们都可以运用的成为更好倾听者的简单策略，所以我在这里就不详细阐述了。正如我之前所说的那样，带着同理心倾听让我们可以更好地为某个观点辩护，甚至会对促进探询更有帮助。事实上，我读过的关于对话的每一本书或每一篇文章都认为倾听和同理心是极其重要的习惯。只有当我们听到并理解沟通伙伴所说的话时，才有可能来来回回地进行对话。

当玛丽索尔·奥迪亚（Marisol Audia）为我们的沟通技巧研究而尝试进行对话时，她必须学会花时间“真正理解”她的沟通伙伴。她写道：“我必须对我的沟通伙伴有耐心，在答复之前我必须思考。在交谈中，我通常会说些什么以填满沉默的时刻，因为沉默会让我感到不舒服，但当我练习对话时，我真的想了解我的伙伴。”玛丽索尔还表示：“当我听到我不喜欢听的话时，我的反应不会那么大。在提问和回答问题之前，我会花时间停下来思考。我正在学习保持安静。”

丹尼尔·扬克洛维奇在《对话力：化冲突为合作的神奇力量》中写道，有时我们可以用他所说的“同理心的姿态”来促进对话，即通过采取一些小行动或做出的评论表明我们真正理解一个人的想法和感受。这种姿态可以是一个有益的行为，一句真正理解的评论，或一个道歉。扬克洛维奇写道：

> 展现同理心姿态的举动往往会出人意料，这个事实告诉了我们这个社会的一些现状。在与他人的交往中，我们如此习惯于穿着防御盔甲，以至于展现同理心会令人感到出乎意料，也可以令人卸下防备。卸下防备是进行对话必不可少的先决条件，展现同理心的姿态是开启对话最快捷、最简单的方式。

威廉·艾萨克在《商业对话艺术》中提出倾听对于学习和对话而言至关重要。艾萨克建议我们清理自己的头脑，培养“内心的静默”，这样我们才能真正倾听他人。他还写道，我们不仅要积极倾听人们说出口的话，还要“倾听那些没有说出来的话”，并试着识别那些可能没有被明确表达出来，但似乎正在发挥作用的新兴概念或主题。他这样写道：

> 有一种视角可以降低指责的诱惑，提高对他人的尊重，那就是倾听他人，从有利位置观察并告诉自己，“我自己也是这样”。无论我们从他人那里听到了什么行为，在他们身上看到了什么样的挣扎，我们都可以选择去探索在我们自己身上发生的类似动态……我们可能会说，某个特定的行为都是“别人的”，我没有这样做！也许是这样。但如果有勇气接受不仅“别处”有它的存在，而且“这里”也有，这将使我们能够以一种非常不同的方式参与这个世界。

策略3：接受新的想法。为了促进对话，你需要开放地接受别人与你分享的事物。这意味着你重视别人说的话，或者像保罗·弗莱雷所说，你相信别人拥有智慧、知识、想法和天赋。弗莱雷写道：“信任（人）是对话的先验条件；对话的（人）甚至在……与别人见面之前就相信其他（人）……对话不能在无望的气氛中进行。如果对话参与者对这次交谈的成果不抱有任何希望，那么他们的会面将是空洞的、乏味的、官僚的和单调的。”

保持开放就是采纳了一种学习的心态。我们展开对话的目的不是为了证明我们是对的，而是为了发现我们是否错了。为此我们可以寻找艾萨克所说的“证明不成立的证据”，这些信息可能会帮助我们看到我们所倡导的是不正确的。

我们还应该让别人很容易就能告诉我们他们的想法，即使他们的想法与我们的观点有冲突。当我们在对话时，我们的态度应该是不加评判的、肯定的和鼓励的。所有更好的沟通的习惯都可以帮助我们创造一个会发生真正对话的环境。

最后，对话只有在存在很多可能性的情况下才能蓬勃发展。如果我们已经放弃，只是抱怨或指责，我们就不是在进行对话。对话是关于美好未来的谈话。每一次对话都会是一次充满希望的互动，证明我们相信的更美好的未来是可能的。当我倾听你说话，你也倾听我说话时，我们就有希望创造出新的、更好的事物……我们可以提升思想，创造更美好的明天。

策略4：表露自己的观点并暂时放下假设。对话最重要的目标之一是让我们意识到我们的假设，这样我们就可以做出评判。当我们深深地信奉自己的观点时，我们就不能真正开放地去学习，因为我们几乎总是确定自己是对的。伯姆写道：

> 观点……带给人们的感觉往往是“真理”，即使它们可能只是你自己的假设和背景知识。你从你的教师、家人那里，或通过阅读以及其他的一些方式获得了它们。然后出于这样或那样的原因，你认同它们，会为它们辩护。

我们会出于很多理由捍卫我们的假设。我们可能想要看起来很强大。我们的假设可能是我们的核心世界观。我们的观点可能可以证明我们的人生经历。然而，正如伯姆所说，“如果你在捍卫一个立场，你就是在排斥新的事物”。

正如威廉·艾萨克所写的那样，要进行对话，你需要“放松你对确定性的执着，倾听在与他人交往时产生的可能性，在其他情况下不会产生这种可能性”。为了平衡倡导和探询，我们需要暂时放下自己的假设。这并不意味着我们要放弃自己的观点，只是意味着我们没有把谈话中的观点作为自己的立场。我们接受自己可能是错的或对的，并且相信真正重要的是一起学习。当有人提出一个想法质疑我们的观点时，我们不会愤怒，我们会倾听，并常常以提问的方式回应。

学习更好地对话

> 我在努力放下“我是对的”的假设，真正地倾听对方所说的话，真正尊重对方，知道他们所说的话对他们来说很重要，而且他们值得获得我的倾听……我只是真的在努力成为一名更好的沟通者。
>
> ——妮科尔·巴顿

参与我们项目的志愿者学习并实践了习惯3“促进对话”，他们报告说，在观看了自己练习对话的视频后，他们更清楚地意识到自己是如何沟通的，并且做出了改变，或至少开始改变他们的沟通方式。埃米莉·曼宁报告说，尽管她意识到自己需要练习提问，但她也指出，“我不像之前那么担心，那么想要把每一次沟通都做得很好了”。乔琳·科恩奇尼（Jolene Konechne）写道，在看了自己的谈话视频后，她意识到自己“问了很多不真诚的问题，它们实际上是伪装的陈述表达”。乔琳还在她的反思表格上写道：“说话时，我变得更深思熟虑了……每次沟通前我都会认真思考我要提出的问题。”

习惯3“促进对话”的支持策略只有在人们学习和实践它们的时候才会变得有意义，尤其是当他们一边实践，一边把自己的交谈录下来的时候。为了帮助你学习和养成促进对话的习惯，本章最后列出了四张表格。

你可以用“回顾过去：促进对话”表格反思一段交谈，并识别自己的假设和其他人在交谈中持有的假设。你可以用“观察现在：促进对话”的两张表格分析人们是否在进行对话。你可以用“展望未来：促进对话”表格为想要进行的对话做准备。

小结

对话是一种交流方式，在对话中，交流各方一起互相学习，共同思考。从现实和道德的角度来看，对话是一种很好的互动方式。

- **现实原因：** 对话能促进更好的学习，带来更好的结果，因为每个人的大脑都参与了对话。

- **道德原因：** 对话是一种互相赋予对方人性的谈话形式，因为每个人都会被视为一个完整的人，获得尊重和被倾听，而不是像自上而下的交流那样被视为一个物品。

我们可以通过平衡倡导和探询来促进对话。

为了促进倡导，我们应该：

- 考虑他人的想法和感受
- 阐明词语和概念的含义
- 提供他人需要的上下文信息，这样他们就能理解我们正在分享的内容

- 识别我们的错误假设
- 用故事和类比来生动地表达想法

为了促进探询，我们应该：

- 保持谦逊
- 带着同理心倾听
- 接受新的想法
- 表露自己的观点并暂时放下假设

深入阅读

我对对话的兴趣始于两本书，保罗·弗莱雷的《被压迫者教育学》和彼得·圣吉的《第五项修炼》。圣吉的书让我认识了戴维·伯姆，一位研究量子理论的科学家［他的博士导师是罗伯特·奥本海默（Robert Oppenheimer），他曾与阿尔伯特·爱因斯坦一起工作］，他的《论对话》是关于对话的最有影响力的图书之一。伯姆的《论对话》于1990年首次出版，实际上它是伯姆于1989年11月6日举办的一次研讨会的记录。这本书很薄，某些版本不到50页，读起来更像一篇论文而非一本书，但《论对话》睿智、深刻、易懂，是任何对对话感兴趣的人的必读作品。

威廉·艾萨克受到了戴维·伯姆和他在麻省理工学院的同事彼得·圣吉的影响。艾萨克的《商业对话艺术》是我读过的关于对话的最透彻的论述。他的书很实用，见解深刻，鼓舞人心，在思考对话方面，他的作品对我的影响最大。

丹尼尔·扬克洛维奇的《对话力：化冲突为合作的神奇力量》为如何

定义和促进对话提供了实用而鼓舞人心的见解。对于那些还没有准备好阅读艾萨克那本400多页的思想和实践论述的人而言，扬克洛维奇的作品是一本很好的入门读物。

回 顾 过 去

促进对话

用这张表格来分析一段交谈，其中的假设似乎阻碍了有意义的对话。在中间一栏列出讨论的主题。在页面右侧的“我的假设”一栏列出你的假设。在页面左侧的“其他人的假设”一栏列出你眼中的沟通伙伴的假设。

其他人的假设	讨论的主题	我的假设

反思

观 察 现 在

促进对话（1/2）

在录制完一段你试图参与的交谈后，填写这张表格。你可以在观看交谈时填写，也可以在看完之后填写。

在线上做个标记，表明谁在这段交谈中思考得最多：

我 **我的沟通伙伴**

100% 50%/50% 100%

你能做些什么来确保双方在下次交谈时做出同等的贡献？

在线上做个标记，表明你在这段交谈中说话的时间占比：

我 **我的沟通伙伴**

100% 50%/50% 100%

下次你应该做些什么来让你的沟通伙伴说得更多？

在线上做个标记，表明你在这段交谈中花了多少时间来表达你的观点：

说出我的观点 **倾听、提问或相互探索**

100% 50%/50% 100%

下次你是否应该改变提问的方式？

观察现在

促进对话（2/2）

在线上做个标记，表明交谈的成果分别在多大程度上是你提出的，你的沟通伙伴提出的，或双方共同构建的：

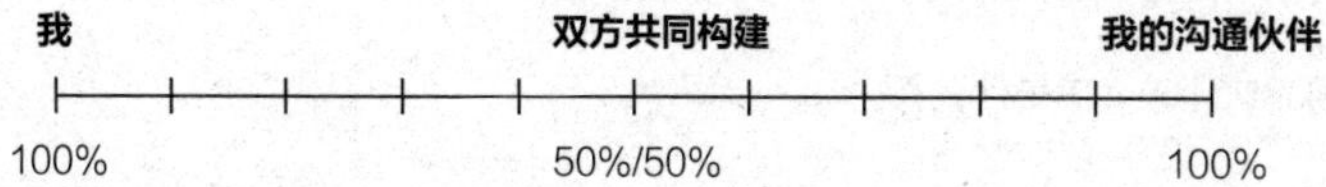

你还需要做些什么来让下一次交谈更像一场对话？

展 望 未 来

促进对话

你的观点是什么？

你的沟通伙伴的需求是什么？

你需要和沟通伙伴一起给什么词语下定义？

你的沟通伙伴需要什么样的上下文信息来理解你在说什么？

你可以用什么故事或类比来让沟通表达的意思变得更清晰？

你愿意

- ○ 接受你的观点没有被采纳吗？
- ○ 承认你错了吗？
- ○ 大部分时间都倾听，给每个人平等的发言机会吗？
- ○ 寻找证明不成立的证据吗？
- ○ 暂时放下你的假设吗？
- ○ 识别一个故意唱反调的人吗？

你还能做些什么来鼓励对话？

第5章

提出更好的问题

为什么学会提出更好的问题对建立积极的人际关系如此重要？因为在一个日益复杂、相互依存和文化多样化的世界里，如果我们不知道如何相互尊重，认可他人拥有的我们完成工作所需的知识，并学会在此基础上提出问题和建立人际关系，我们就无法理解来自不同职业、专业和民族文化的人，无法与他们一起工作。

——埃德加·沙因

一个好问题就像一根用来撬开油漆罐盖子的杠杆。

——沃伦·贝格尔（Warren Berger）

提出更好的问题的3个策略

1. 保持好奇心。
2. 提出开放式、观点式的问题。
3. 不评判。

在堪萨斯大学学习研究中心的堪萨斯辅导项目中，我和同事们通过与教练合作来研究教学辅导，我们会让他们尝试我们开发的方法或流程，同时向他们学习。采用这种研究方法意味着我们要花大量时间与教练们坐在一起，观看交谈视频，并发明新的方法，使辅导更能产生预期效果、更高效、更积极。

在我们的第一次视频研讨会中，我们观看了几场我们都认为空洞而缺乏活力的谈话。教练和教师彼此都很友好，但似乎不怎么谈论重要的事情。然后，我们观看了一位研究助理对参加研究的一位教师的采访，这位教师曾在我们早些时候观看的平淡谈话中出现过。现在，当她被问及她的意见时，这位教师活跃了起来，我的同事迈克·霍克（Mike Hock）说出了当时我们大家的想法："我们需要让辅导谈话变得像那段采访一样。"

早期辅导谈话的问题不在于教练，而在于我们要求他们进行辅导的方式。大多数时候，教练只会告诉教师他们哪里做得对，哪里做错了，没有人会提出有力的问题。这些视频告诉我们，更好的沟通更需要提问而非讲述，人类互动的能量通常是来来回回的，而非单向的。我们了解到，更好的沟通涉及对话，而提出好的问题能使对话成为可能。就像沃伦·贝格尔说的那样："现在是成为提问者的最佳时机——因为现在开始一段探询之旅会容易得多，你可以从很多地方寻求信息、帮助、想法、反馈，甚至可能找到对同一个问题感兴趣的合作者。"

除非我们提出有效的问题，否则不太可能与他人形成对话。好的问题可以开启对话，获得尊重，加速学习，并建立关系。提问是阳的一面，可以补足作为阴面的倾听。如果我们不提出问题，就没有机会倾听。如果我们不倾听，我们的问题就没有起到多大作用。当我们平等地看待他人时，我们通常至少会在交谈中给予他们同等的时间，这就要求我们提出问题，让沟通伙伴说出自己的想法。通过提出好的问题，我们可以证实托尼·斯托茨福斯（Tony Stoltzfus）在《提问的威力：教练问题全清单》中所说的"沟通慷慨"。我们可以运用3个简单而有力的策略来提出好的问题：（1）保持好奇心；（2）提出开放式、观点式的问题；（3）不评判。

保持好奇心

已经有许多人总结过优秀提问者应该使用的技巧。然而，技巧并不如你提问时的心态重要。正如读写辅导专家凯西·托尔（Cathy Toll）对我说的，我们不应该问一些我们认为自己已经知道答案的问题，而是应该因为我们真的想听沟通伙伴对此说些什么而提出问题。当我们保持好奇心，真的想知道别人的想法时，我们就会表现出对他们的尊重，这种尊重会大大增加沟通伙伴与我们畅所欲言的可能性。

好奇心体现了互换原则。当我们把沟通视为相互的时，我们就会以学习者而非说话者的身份开始沟通。当我们保持好奇心时，我们会把沟通看作是与沟通伙伴共同构建的一次鲜活的互动，而非告诉某人某件事的手段或控制某人的机会。展现好奇心的一种方法是请对方举个例子。埃德加·沙因在《谦逊的问讯》中写道："请对方举例不仅是展现好奇心、兴趣和关心的最有力的方式之一，而且（甚至更重要的是）它使一般性的陈述变得更清晰易懂。""大多数沟通中缺少的是好奇心和提出答案未知的问题的意愿。"

威廉·艾萨克指出，我们提出的许多问题并非源于我们的好奇心。艾萨克写道，

> 据估计，人们提出的所有问题中有40%实际上是伪装的陈述句。另外40%是伪装的评判："你真的认为她应该加薪吗？"只有一小部分的"询问"是真正的提问。

许多问题都是用来讲述，而非回答的。

我来自堪萨斯州托皮卡的朋友、心理学家约翰·法雷尔–希金斯（John Farrell–Higgins）指出了四种无益的问题：（1）要求式问题；（2）陷害式问题；（3）演说式问题；（4）愤怒式问题。

他说，要求式问题会提醒别人给出我们想要听到的答案。例如，一位教师在校长旁听后可能会说："那些孩子上课时真的很投入，不是吗？"陷害式问题会被用来抓住另一个人做错或做得不好的事情。陷害式问题可以被称为"逮住你了的问题"。因此，当一位校长知道对方还没有完成报告时，她可能会问："你完成那份评估数据的报告了吗？"演说式问题是当我们知道别人不知道答案，但我们知道答案时会问的问题。我们问演说式问

题是为了证明我们有多聪明或多有见识。例如，我们可能会问："你知道成长型思维反馈和固定型思维反馈的效应值是多少吗？"最后，愤怒式问题是伪装了的消极情绪的纾发。例如，一位沮丧的父母可能会问："你为什么不考虑一下怎么做对我女儿最好？"

与这些无益的问题不同，当我们出于好奇心提问时，我们是因为真的想听对方要说什么而这样做。因此，当我们出于好奇心提出好的问题时，我们就会完全进入到沟通中。好的提问者会全神贯注地关注他们的沟通伙伴，他们会真正地感同身受。好的提问者还会尊重苏珊·斯科特所说的"甜美的纯粹沉默"，让他们的沟通伙伴说出他们想说的话。当你充满好奇心并提出好的问题时，你就能表达尊重，建立关系，而且你通常会学到一些重要的东西。

提出开放式、观点式的问题

> 提出问题是一项艰难的工作。我必须比以前做更多的思考……明天我们再做一次这项练习好吗？
>
> ——一名接受成人教育的学生

已经有许多人总结过问题的类型和层次，但我认为最重要的是两种基本的区分：（1）封闭式问题与开放式问题；（2）是非式问题（也称对错式问题）与观点式问题。

封闭式问题会得到有限的回答，而且它们总是要求得到一个完整的答案。例如，如果我问你一个封闭式问题"新的阅读计划是什么？"，你可以给我一个完整的答案，但只是简单地说出计划的名字。封闭式问题通常会寻求简短的是或否的，事实性的或多项选择的答案。

开放式问题会得到无限的回答，并为广泛的、延伸的回答提供机会。例如，如果我问你一个开放式问题“你对新的阅读计划有什么看法？”，理论上，你可以在回复过程中想说多久就说多久。开放式问题通常会寻求更长的、更详细的、更有知识性的和观点性的或关于感觉的回答。

我们可以用封闭式问题有效地评估某人是否学到了一些东西，但这类问题对于促进对话而言并不是特别有效。如果我想听听沟通伙伴的想法或感受，那么开放式问题会更有效。然而，如果我想确认自己或别人的想法，那么封闭式问题会很管用。例如，桑德拉·吉尔哈特（Sandra Gearhart）发现，为了“在确定进度监控水平时阐明我的理解”，她必须提出封闭式的问题。

对错式问题，顾名思义，就是有正确答案或不正确答案的问题。相反地，观点式问题是没有具体正确答案的问题，因为这类问题会鼓励人们给出自己的观点。“总统是谁？”既是一个封闭式问题，也是一个对错式问题，因为它只有一个正确答案。类似的，“你对总统有什么看法？”既是开放式问题的例子，也是观点式问题的例子。我可能不同意你的回答，但当你告诉我你的想法时，你的回答只是你的观点，而非试图给出正确的回复。一名西弗吉尼亚州马赛厄斯的特殊教育教师莫莉·埃代伦（Molly Edelen），是这样描述她在和女儿谈论迪士尼频道时学到的关于提问的知识的：

> 近来我更有意识地去做一名倾听者，不打断别人，问一些宽泛的开放式问题，它们真的会鼓励你给出详尽的回答。我发现自己真的在倾听，然后就可以提出一些问题，让说话者给出更多的信息，并且对谈论的话题更有热情。

就像封闭式问题一样，我们可以用对错式问题有效地确认对方的理解，但在开放式沟通中，提出这类问题很少取得成功。当被问到对错式问题时，人们常常会因为害怕说错而犹豫是否要回答。然而，当被问及观点式问题时，他们会更加乐于回答。

丹·罗斯坦（Dan Rothstein）和鲁兹·桑塔纳（Luz Santana）在《老师怎么教，学生才会提问》[①]中写道："开放式问题会问'为什么'和'如何'，封闭式问题会问'是不是''有没有'，以及'能不能'，适用于这两种问题的问法包括：'什么''谁''哪里'和'什么时候'。"

开放式问题与封闭式问题以及对错式问题与观点式问题之间的区别似乎很明显，但从我的经验来看，人们在提问时最常犯的错误是把封闭式问题或对错式问题作为交谈的工具。当研讨会负责人或会议主持人提出的问题石沉大海时，几乎总是因为这不是一个观点式问题。

沃伦·贝格尔在他的《如何提出一个好问题》一书中指出，提问是人们在日常生活中激发创造力和目标的重要习惯，也是企业激发增长和创新的重要习惯。贝格尔引用了斯图尔特·法尔斯坦（Stuart Firestein）的话来支持他的观点：

> 一个好问题可以带来好几个层面的答案，可以激发对解决方法数十年的探索，可以衍生出全新的探索领域，可以促使根深蒂固的想法发生改变……而答案往往会终结这个过程。

贝格尔写道，"相比封闭式问题或对错式问题，开放式问题……更倾向于鼓励创造性思维"，他在研究的基础上提出了三种基本问题："为什么，如果……会怎样和如何。"贝格尔指出，这三种问题是许多改变游戏规则的

① 简体中文版已由中国青年出版社出版。——编者注

创新技术的核心，这类创新技术包括微波炉、佳得乐、奈飞公司（Netflix）、挡风雨刷、万维网等。

我们在学校里可以使用“为什么，如果……会怎样和如何”的问题。例如，参与基于项目的真实学习的学生可以围绕这些问题组织他们的项目。教学教练可以用这些问题来关注教练与教师之间的辅导互动。在下文，我列举了用这类问题来处理学校事务的方式。

为什么……

1. 为什么学生会退学？

2. 为什么学生在学校的时间越长，参与度就越低？

3. 为什么学生没有学习的动力？

4. 为什么学生在心理上没有安全感？

5. 为什么教师评估通常会在学期的最后几个月进行？

如果……会怎样?

6. 如果学生在他们学习的内容上有更多的发言权会怎样？

7. 如果我把封闭式问题变为开放式问题会怎样？

8. 如果我们的学校致力于在全校范围内实施更好的沟通的信念与习惯，为学生和教师创造一个心理上有安全感的环境会怎样？

9. 如果教师们在学年中多次用录制的视频评估自己的教学状况会怎样？

如何……

10. 我如何才能在达到教学标准的同时，还能让学生说出真实的想法？

11. 我如何才能用视频观察我的问题？

12. 我们应该多久见一次，以及参加什么样的小组来学习更好的沟通的信念与习惯？

13. 我们如何才能支持教师，使他们基于教学卓越的客观标准对自己的教学做出可靠的评估？

不评判

如果我们想让人们围绕问题进行沟通，我们就需要确保他们在心理上感到安全。这意味着当他们回答时，我们不要去评判他们。当然，这也是践行了更好的沟通的信念，即不评判我的沟通伙伴。

你可以做两件简单的事情来避免在提问时做出评判。第一，在提出问题后，你需要不带任何假设地倾听，不要对你的沟通伙伴持有偏见。如果你草率地对沟通伙伴所说的话下结论，他/她很可能会注意到，然后就不会那么坦率地表达自己的想法了。

第二，在提出问题的时候抱持不评判的态度，不要急于给出建议。出于某种原因，我们大多数人都会有一种几乎无法控制的欲望，想告诉别人他们应该如何做事。然而，在几乎所有的沟通中，除非我们的沟通伙伴明确地要求，否则他们都不会想要听到建议。人们想要的是会倾听、重视他们的想法、有同理心、不加评判的沟通伙伴。

当我们提出更好的问题时，我们不会用问题来进行陈述，或将交谈引向我们所选择的目的地。我们问这个问题是因为真的感兴趣。埃德加·沙因将这种对话方法称为谦逊的问讯，他写道：“谦逊的问讯是一种让某人展露自己，提出你不知道答案的问题，并基于对人的好奇和兴趣建立关系的艺术。”

学会更好地提问

> 不评判对我来说并不难。我明白让教师信任我，觉得他们可以敞开心扉，表达自己的观点是很重要的。
>
> ——桑德拉·吉尔哈特，
>
> 伊利诺伊州圣查尔斯的一名教学支持教练

当苏珊·霍普（Susan Hope）在我们的全球沟通研究中尝试练习提出更好问题的习惯时，她发现专注于运用三个简单的提问策略（保持好奇心，提出开放式、观点式的问题和不评判）可以让她更容易取得进步。“作为一名教练，有时我觉得我的脑袋里有太多的想法，以至于错过了交谈。我特别喜欢这三个简单的步骤，这样做我就能够专注于我需要做的部分。”

研究自己所提问题的志愿者发现，视频可以帮助他们更好地了解这类问题以及自己是如何提问的。苏珊·霍普写道：“虽然我对自己提出的问题感到满意，但我听到自己在对他们的想法做评判，所以这将是我需要努力改进的地方。”乔伦·基利昂在体验过后建议人们在做实验时仔细观察自己的习惯。乔伦发现，当她在做研究项目时，她“问的问题更多了，而非更少了”，她写道，“我感觉如果当时我只是倾听，我不那么费力就可以听到对方想说的一切”。当我们实践更好的沟通的习惯时，我们需要观察这些习惯是否适合我们的个性和学习方法，并在必要时调整运用。

为了帮助你学习和养成更好地提问的习惯，本章最后列出了三张表格。

你可以用“回顾过去：提出更好的问题”表格分析自己的问题是开放式还是封闭式，是对错式还是观点式。你可以用“观察现在：提出更好的问题”表格来记录每天在沟通中听到的有效的和无效的问题。“展望未来：提出更好的问题”表格列出了许多提问专家建议的问题，这样你就可以计划在未来提出更好的问题了。

小结

当我们养成习惯4“提出更好的问题”时，我们就表达了对他人的尊重，因为我们不知道问题的答案，我们也的确想听别人说什么。

习惯4“提出更好的问题”有三个策略：（1）保持好奇心；（2）提出开放式、观点式的问题；（3）不评判。

- **保持好奇心：**我们可以通过只问不知道答案的问题和要求沟通伙伴举例来展示我们的好奇心。我们应该避免问约翰·法雷尔-希金斯提出的那些毫无帮助的问题（要求式问题、陷害式问题、演说式问题和愤怒式问题），也应该避免问那些伪装的陈述性问题。
- **提出开放式、观点式的问题：**为了促进探询和对话，我们应该提出开放式问题（可以得到无限的回答，并提供广泛的、延伸的回答机会）和观点式问题（没有具体的正确答案）。
- **不评判：**通过在人们回答问题时不评判他们，我们可以确保人们在心理上感到安全。

沃伦·贝格尔的“为什么”“如果……会怎样”和“如何”的提问框架

可以应用于许多环境，包括个人计划、辅导和教学。

深入阅读

埃德加·沙因的《谦逊的问讯》是我最喜欢的一本关于提问的书。沙因简单地阐述了，为什么我们只有带着尊重倾听，谦逊地询问，才能有效地领导，或因此建立健康的人际关系。沙因特别阐明了地位和提问是如何紧密交织在一起的。

丹·罗斯坦和鲁兹·桑塔纳在《老师怎么教，学生才会提问》中描述了一个优雅而强有力的过程：通过给予学生创造、分析和探索自身学习问题的机会，来提高学生的参与度和学习效率。罗斯坦和桑塔纳的书很有说服力，我认为任何对提高学生参与度或学习效率感兴趣的人都应该考虑读一读这本书，并试一试实践他们的想法。这本书还对各种类型的问题做出了优秀的定义。

沃伦·贝格尔的《如何提出一个好问题》对提问的重要性进行了充满激情的论证。贝格尔认为，提问应该是基础教育、组织创新和个人规划的核心。我尤其发现贝格尔提到的轶事很有趣。例如，他在书中说道，贝特·内史密斯·格雷厄姆（Bette Nesmith Graham）在提出“如果我们可以涂掉我们打错的字会怎样？”的问题之后，发明了后来的涂改液。格雷厄姆最终以大约5 000万美元的价格出售了她的发明，并把一半的钱给了她的儿子迈克尔·内史密斯（Michael Nesmith），门基乐队（The Monkees）的歌曲作者、执行制作人和前首席吉他手。

回 顾 过 去

提出更好的问题

给交谈录音或录制视频。可以是在工作中、家里，或在社区里的交谈，但要选择一场重要的交谈（例如，如果你是一名教练，就选择一场目标设定的谈话）。确保你的沟通伙伴同意你的录制。然后，回放你们的交谈，列出提出的问题。

问题	开放式	封闭式	观点式	对错式
	○	○	○	○
	○	○	○	○
	○	○	○	○
	○	○	○	○
	○	○	○	○
	○	○	○	○
	○	○	○	○
	○	○	○	○
	○	○	○	○
	○	○	○	○
	○	○	○	○
	○	○	○	○
	○	○	○	○
	○	○	○	○
	○	○	○	○
	○	○	○	○
	○	○	○	○
	○	○	○	○
	○	○	○	○
	○	○	○	○
	○	○	○	○
	○	○	○	○
	○	○	○	○
	○	○	○	○
	○	○	○	○
	○	○	○	○
	○	○	○	○
	○	○	○	○
	○	○	○	○
	○	○	○	○

观 察 现 在

提出更好的问题

在这里记录下你在日常沟通中听到的有效的问题。有效的问题通常会引发思考、对话，或者以其他方式促进更好的沟通。有效的问题通常是开放式和观点式的问题。

在这里记录下你在日常沟通中听到的无效的问题。无效的问题往往有显而易见的答案，无法引发思考，通常也不能促进更好的沟通。无效的问题通常是封闭式和对错式的问题。

展望未来

提出更好的问题

确定未来的一场你需要在其中提出有效问题的沟通。浏览下面的问题列表，找出你可以用来促进对话、分享理解的问题。在你可能会在未来那场沟通中用到的问题旁边做标记。

问　题

- ○ 考虑到我们今天可以共度的时间，你和我应该讨论的最重要的事情是什么？
- ○ 如果什么都没有改变会怎样？那又怎样？这对你和你的学生而言意味着什么？
- ○ 理想的结果是什么？
- ○ 我们能做些什么来解决这个问题？
- ○ 告诉我你的感受。
- ○ 跟我说说这个……
- ○ 是什么让你相信……？
- ○ 什么进展比较顺利？什么让你感到吃惊？你学到了什么？下次你会做出什么改变？
- ○ 你觉得……怎么样？
- ○ 按照1—10分打分，你在多大程度上创造出了理想的课堂？
- ○ 你认为什么表明了这条策略是成功的？
- ○ ______________会带来什么影响？
- ○ 你什么时候见过______________？
- ○ 你认为______________意味着什么？
- ○ 我们还能从什么别的角度看待这件事？
- ○ 我们不确定的是什么？
- ○ 你对______________的希望是什么？
- ○ 如果什么都没发生会怎样？

第6章

建立联系

联系是我们此时此刻在这里的原因。我们天生需要与他人建立联系，这会赋予我们生活的目标和意义，没有联系，就会感到痛苦。

——布琳 · 布朗

我需要慢下来，花点时间去关心。我不能继续从人们身边走过，随意地说一句“你好吗？”然后继续走。我不能太勤奋以至于错过了更好地了解别人的机会。走在走廊上的人，他们的生活都很顺利，也都有一些事情在消耗他们的思想。我需要更好地了解这些人。

——朗达 · 福德（Rhonda Fode），

明尼苏达州底特律湖学区的一名教学教练

建立情感联系的相关概念

1. 发出邀请：可以是提出一个问题，做一个举动，传递一个眼神，进行一次触摸——任何一种表明"我想和你建立联系"的表达。

2. 面向：指以积极的方式回应他人寻求情感联系的邀请。

3. 背对：这种联系模式通常涉及忽视他人的邀请，或表现得心事重重的。

4. 反对：那些反对别人寻求联系所发出邀请的人可能会被描述为好斗的或爱争论的。

我的健身教练莉萨（Lisa）是我认识的最积极向上的人之一。每当我见到她时，她都会给我讲讲她读的励志书籍，她与他人的令人惊叹的温暖互动，以及她对我们应该如何变得更好的想法。每次我见到她，她都积极乐观、鼓舞人心。当我告诉她我正在写一本关于沟通的书时，她很快就主动提出要尝试参与"更好的沟通"。

我把关于情感联系这一章的初稿发给了莉萨，她告诉我她会马上应用这些方法。几天后，她发来了信息，写道："建立这种情感联系真的很难。"

在那之后不久，我在健身房遇到了莉萨。她告诉我，她给已经成年的女儿发了信息。莉萨经历过一场艰难的离婚，她的女儿也不再与她交流。在读完这一章的初稿后，莉萨给女儿发了信息，问她是否会考虑重新开始和自己联系。她没有得到任何的回应。在这个典型的例子中，莉萨把书中的想法应用到生活中可能对自己影响最大的领域，但也会面临最大的风险。很少有比感到与孩子分离更痛苦的事了。

然而，在下一次去健身房的时候，我发现了一个全新的变化。莉萨含着眼泪告诉我，她女儿回复了，她想重新开始联系莉萨。她周末要来看望莉萨，她们的关系发生了巨大的变化。一条信息并不能治愈所有的旧伤口，而且毫无疑问，莉萨和她的女儿在克服多年的分离时进行了艰难的沟通，但如果莉萨没有主动寻求沟通，她们就不会重新开始联系。通过主动建立联系，莉萨开始修复她生命中最重要的一段情感关系。

我猜，我们中的许多人都有像莉萨和她女儿那样的情感关系，在这种关系中，交流可能没有完全中断，但我们并没有像自己希望的那样感受到互相之间的情感联系。也许现在我们感觉与朋友、家人、同事或社群里的人缺乏联系。如果我们明白我们的行为是如何培养或破坏情感联系的，我们就可以开始进行更好的沟通。

建立情感联系

世界著名的人际关系专家约翰·戈特曼认为，情感联系是与他人交往的首要目标。戈特曼和琼·德克莱尔（Joan DeClaire）是这样说的：

> 不论人们是在努力挽救一段婚姻，还是在家庭危机中通力合作，或是与一位难相处的老板建立融洽的关系，这些互动中通常都有一个共同点：人们需要分享情感信息，这可以帮助他们感受到彼此之间的联系。

戈特曼和德克莱尔的研究为我们提供了一个简单的策略，我们可以用来观察自己的行为，并辅导自己探索我们与他人的情感联系建立得有多好或多么糟糕。根据戈特曼和德克莱尔的说法，我们如何主动联系［发出邀请（bids）］以及我们如何回应［面向（turning toward）、背对（turning away）、反对（turning against）］他们的请求，会激发或挫伤情感联系。下面我将阐述我们可能会有的每一种反应。

发出邀请。戈特曼和德克莱尔认为“邀请”是“情感交流的基本单元……一个请求可以是提出一个问题，做一个举动，传递一个眼神，进行一次触摸——任何一种表明‘我想感受和你之间的情感联系’的表达”。我们研究中的参与者能够迅速辨认出他们和其他人发出的邀请。他们观察到的一些邀请是询问一位新教师第一年的工作情况，或者请一位祖母谈论她的孙女。有些发出邀请的行为是在体检结果不乐观的情况下主动提出开车送某人去看医生，或者帮助一位老人把泥炭土装进她的车里。志愿者描述的邀请还包括一些语句，比如告诉一名青少年他的驾驶技术正在进步，或者在餐馆称赞一名服务员的出色服务。正如劳拉·布劳德（Laura Browder）在反思表格上所写的那样，邀请可能包括“微笑、点头、口头问候、身体接触（拥抱、握手、搭肩膀等）、赞美、短信等”。

面向。戈特曼和德克莱尔写道，当我们积极回应对方发出的情感邀请时，我们就会“面向”对方。我们对邀请过程的研究发现带给了我极大的希望。研究结果表明，那些坚持发出邀请并以积极的方式回应邀请的人，在他们的人际关系中会有惊人的成功机会。如果我们受邀出去吃饭，我们会答应，或对邀请的体贴表示感谢。如果有人对我们微笑，我们也会报之以微笑。作为个人的情感联系实验的一部分，朗达·福德花了30分钟在一家咖啡店观察人们的互动，以寻找人们建立情感联系的例子。她在反思表格上写道：“一旦邀请变成个人行为，人们就会面向邀请。他们走得更近了，面对面，微笑着。他们的表情打开了，说话的声音也变大了。这是一场持续的沟通，在其中建立起了情感联系。”

当有人面向我们的邀请时，我们会感到自己被看到、被认可和快乐。教育顾问莉萨·斯莱（Lisa Sligh）和一位学生家长来回发信息时，就感受到了这种积极的情绪。莉萨写道：“我在信息中肯定了她的关心，只提了她孩子的优点，以及他会如何发光发亮。”这位家长回复道：“你总是那么棒，那么积极。”莉萨写道，在看到信息后，“我开心地跳了支舞”。

背对。当我们背对一个邀请时，我们就无法对进行情感联系的邀请做出回应。通常，这意味着我们甚至没有注意到其他人已经发出了进行联系的邀请。戈特曼和德克莱尔观察到，背对“很少是恶意或刻薄的。更多的时候，我们只是没有意识到别人发出的关注邀请，或对这些邀请不敏感”。在我们的研究中，志愿者们分享了许多例子，讲述了他们是如何因为被其他事情分散了注意力而背对他人发出的联系邀请。他们通常是受到了技术、工作，或脑袋里的想法的干扰。劳拉·布劳德在她的反思表格上写道：“当我错过一次邀请时，通常是因为我正忙着思考接下来该怎么回应。在观看我们的交谈视频时，我发现我实际上没能领会她发出的邀请和她说的话。”得克萨斯州丹顿市的一名教学支持教师卡罗琳·马特森（Carolyn Matteson）也曾这样说道：“通过观察别人和我发出的邀请，以及我和别人对这些邀请的回应，我敏锐地意识到这样一个事实：在每一次互动中，双方都需要并且想要获得爱与接纳。当我牢牢记住这一点时，我就能超越恼怒、生气甚至是愤怒，以一种不那么一边倒的方式进行人际交往。”

按照戈特曼和德克莱尔的说法，背对可能会带来毁灭性的后果：

> 当某人背对邀请时，邀请发起人就会失去信心和自尊……当沟通伙伴转过

身去时，人们几乎会“崩溃”。邀请发起人不会因愤怒而气鼓鼓的，他们不会感到愤愤不平，他们似乎只是把自己折叠了起来。在视频中，我们可以看到他们的肩膀轻微下垂，就像泄了气一样。他们感到挫败。他们放弃了。

反对。戈特曼和德克莱尔阐述道，当人们反对邀请时，他们会以争论或敌对的方式做出反应。例如，如果一位教练提出要给一位教师上一节示范课，一位反对的教师可能会这样回答：“我到底能从你身上学到什么呢？”教学教练卡罗尔·沃克描述了她观察到的一次谈话，几位教师和一位校长被一个想要加入谈话但不受欢迎的人打断了。卡罗尔写道：“教师们互相‘看’了一眼，好像在说，‘小心，这个人又要多管闲事了。你知道她有多八卦’。校长的语气和肢体语言清楚地表明，她打扰到了他们。”

戈特曼和德克莱尔所做的关于情感联系的研究对我和堪萨斯辅导项目的同事们特别有帮助，因为它向我们介绍了理解建立情感联系的词汇。和我一起工作的教练谈到了他们是如何发出进行联系的邀请和对邀请做出回应的。当他们研究自己与别人进行的交谈时，视频不会说谎。教练们看了辅导谈话的视频后发现，他们经常错过面向邀请的机会。

建立情感联系

> 复杂而令人满足的人际关系不会突然出现在我们的生活中，而是只会在一次次的相遇中发展出来。
>
> ——约翰·戈特曼和琼·德克莱尔

我们可以通过学习实践两种策略来加深与他人的联系。首先，当我们与他人在一起时，我们需要完全处于当下，并对人们为了寻求联系所发出的情感邀请的方式以及我们回应这些邀请的方式变得敏感。其次，我们还需要坚持不懈地发出邀请，即使别人一开始并没有面向这些邀请，我们也要继续尝试建立联系。

完全处于当下。接受情感联系挑战的志愿者会观察自己和别人是如何通过鼓励或阻碍情感联系来建立或破坏关系。每个人都报告说，他们对情感联系之于人际关系的重要性有了更深刻的认识。人们观察到的邀请并不总是改变人生的深刻事件，尽管有些确实是。这些邀请通常是日常生活中经历的一些简单的时刻。例如，一位研究参与者分享了一个邀请的简单例子。当她和朋友出去吃饭时，他们发现那天是负责她们那桌的服务员的生日。她写道，当她们对服务员唱《生日快乐》(这是一个简单而有趣的邀请)时，这名服务员“开心地笑了，并且告诉大家她最近刚离婚，这是她离婚后的第一个生日”。这是一个小小的举动，但每个人都因为有了这份经历而感觉更好了。通常，最小的行动会产生最大的影响。

参与这项研究的所有志愿者都描述了情感联系丰富生活的力量，但大多数人报告说，通过我们的项目他们了解到自己曾经错过了太多建立联系的机会。斯蒂芬妮·巴恩希尔(Stephanie Barnhill)的评论很典型。她写道：“我认识到，我必须改变过于专注于辅导工作的状况，我忘记了与他人人性的一面建立联系。”几乎每位志愿者都描述了他们经历了一些时刻，在那些时刻，他们因为太专注于工作、任务、繁忙的生活，或者因为脑海中盘旋着许多想法而错过了建立联系的机会。大多数志愿者描述了他们的技术产品是如何干扰他们与他人建立联系的。当人们掏出智能手机时，就会断开与他人的联系。

因为人际关系在工作中很重要，在个人生活中更重要，所以我们需要用一个策略来帮助我们促进人际关系的发展，这个策略就是完全处于当下。

卡罗琳·马特森写道，学会完全处于当下，关注而非背对他人发出的邀请，这是非常重要的一课。“如果我错过了某人邀请我给予关注的时机，或者如果我请求他人的关注但自己却没有意识到，那我就错过了一些重要的东西。我需要在这方面不断地训练自己。”一名不愿意透露姓名的研究志愿者，也表达了同样的看法：“我的确相信，此时我关注的实践对我和我在学年最后一个月的态度产生了影响。我希望我思想上的改变会对我们系里与我关系密切的女性产生积极的影响。我相信，今年春天开始的挑战将在秋天再次出现。而且，我认为如果我能坚持练习这些技巧，我就能更好地处理这些问题。”

如果我们能注意到他人试图发出的建立联系的邀请，我们就能更有效地建立情感联系。正如戈特曼和德克莱尔所写的那样，“如果你不注意，你就无法与他人建立联系”。当然，完全处于当下是本书中描述的许多习惯的基本练习，尤其是表现出同理心和倾听这两个习惯。如果我们听不到别人在说什么，我们就无法倾听；如果我们意识不到沟通伙伴表达的意思，我们就无法表现出同理心；除非我们关注并寻找建立联系的机会，否则我们就无法建立联系。

当一名研究参与者关注她是如何与他人进行联系时，她意识到“做起来比听起来更难”。她发现自己“必须用心关注，而不能只是做做样子”。当我们观察、倾听并表现出同理心时，我们将有更多的机会建立联系。更多的情感联系意味着我们会体验到更健康的人际关系，甚至更多的爱。

完全处于当下也是一种展现对他人的尊重的方式。很少有什么事情比忽视他人更不尊重人了。然而，当一个活生生的、亲切的人站在我们身边时，我们的注意力却常常会被社交媒体应用吸引过去。我们本可以经历一场更好的沟通，但我们却在手机上做了一些无足轻重的性格测试。

威廉·艾萨克写道，完全处于当下，也就是真正看到他人，是我们尊重他人并给予他们应有权利的一种方式。

> 在南非的祖鲁语（Zulu）中，人们互相问候和分别时都会说“Sawu bona”这个短语，意思是“我看到你了”。“被看到”在祖鲁文化中的意义比在西方文化中的意义更丰富。它的意思是，这个人以某种真实的方式更完全地存在着，因为他们被看见了。与大多数原住民文化一样，参与自然的记忆并没有完全消失。说“我看到你了”就是证明了你存在于这个世界。

学会完全处于当下的一个方法就是观察别人，以更深入地了解人们是如何建立联系或在这方面失败的。戈特曼和德克莱尔的作品帮助我们看到了一些现象并给它们命名，如果没有阅读他们的描述，我们或许不会看到这些现象。发出邀请、面向、背对、反对这几个概念帮助我们看到了人们一直以来在我们面前对此所做的实践。

当我们观察人们如何发出邀请和做出回应时，我们会开始看到简单的行为可以如何打开或关闭情感联系。人们的非语言和语言互动方式可以揭示问题。当我们观察他人的时候，我们应该观察当一位朋友发出邀请时某人是否变得快乐。当某人背对朋友时，我们是否看到了一丝悲伤？只要花点时间关注身边的人，留意他们是如何互动的，你就能学到很多东西。

邀请和回应会在任何人们聚在一起的地方发生，比如家里、学校、购物中心、公园、咖啡店和做礼拜的场所。加深我们对情感联系动态理解的一种方法是留出一小段时间来观察人。你可以去当地的咖啡店，点一杯你最喜欢的饮品，然后用本章末尾的“观察现在”表格来专注地观察。

坚持不懈地进行联系。当然，为了建立联系，我们不仅要回应邀请，还要主动与他人进行联系。这可以通过许多不同的方式来实现。我们可以对人们的生活和家庭表现出兴趣。我们可以找出沟通伙伴感兴趣的是什么，并询问他们的兴趣。我们可以写一些感谢信，然后投递到人们的邮箱里。

如果我们能找到一些创新的方式来发出建立联系的邀请，而且如果我们能注意到邀请是如何塑造我们的学校、家庭和社群的情感风景的，我们就会找到很多机会来面向别人的邀请。要做到这一点，我们需要花时间去倾听、观察和互动。花时间与他人联系和花时间观察一样重要。人们渴望联系，而这需要时间。高情商的领导者会不断寻找机会，积极回应他人为了建立联系所发出的邀请。有时，这意味着即使别人背对或反对我们，我们也必须持续努力。约翰·戈特曼和琼·德克莱尔这样写道：

> 如果你能透过一个人的愤怒、悲伤或恐惧看到他隐藏的需求，你就为关系打开了新的可能性。例如，你可以把同事阴郁的沉默看作是他在邀请你参与影响他工作的决定。或者你可能会意识到，你妹妹的焦虑不安表明她感觉自己与家庭疏远了。你甚至可以从你三岁孩子的乱发脾气中看到他发出的邀请：他不仅想要那个你不能买给他的玩具，他还想在沮丧时得到你的安慰。

一位研究志愿者在参加我们的研究时了解到了坚持不懈的重要性。他在反思表格上写道，当他研究自己的沟通风格时，他发现即使他人没有回应他发出的建立联系的邀请，他也必须坚持尝试与他人进行联系。在完成自我辅导的项目后，他写道："我更倾向于多走一英里，多跨出一步，去做一些好事，去帮助别人，或尝试帮别人做到感觉良好。这样做并不总是能得到回报，我想这是因为世界上有一些令人不快的人。但这些努力都是值得的。"

参与我们研究的志愿者发现，学习发出和回应邀请会对人际关系产生巨大的影响，但如果我们的外在行为没有得到内在诚实正直品质的强化，那么发出和回应邀请就不会带来什么不同。戈特曼和德克莱尔定义的词汇并不能取代尊重、同理心、关心、诚实和喜爱这些品质。我们不能发出一堆邀请，然后就认为一切都会好起来。例如，我们需要保持诚实，否则我们的不诚实最终会被发现，这会暴露出我们发出的邀请是空洞和不真实的。因此，更好的沟通的信念尤为重要。当我们平等地看待他人时，我们会想要听他们说什么，我们会希望对话能赋予生命，我们发出的进行联系的邀请会产生共鸣并建立人际关系。如果我们发出邀请只是为了掩盖自己的不诚实、以自我为中心，或者我们心中认为可以操纵他人的信念，那么我们的邀请最终会被揭穿是假的。实际上，肤浅或不真实的邀请可能会破坏一段人际关系。

马里兰州塞西尔县博因布里奇小学的一名Ⅰ级资源教师这样告诉我："我认为，通过发出情感邀请来增加个人联系的真正挑战是，当人们背对或反对邀请时，不要将其视为针对你个人。这是一个相当具有讽刺意味的过程——试图建立个人联系，然后不把回应视为针对个人！然而，沟通伙伴做出的回应真的与他/她自身的关系更大，与我们的关系更小。通常情况下，他们做出的回应更多地表明了他们内心的情感立场，而不怎么与我们有关。即使得到的回应不是你所希望的，你也需要拥有一些适应能力来继续发出情感邀请。"

增加情感联系

我曾经教过高中音乐，我有一些朋友拥有完美的高音，但当他们坐下来听音乐时，他们很难接受跑调。对我而言，学习如何建立情感联系

> 实际上只是一种调节情绪和人际关系的体验。当你开始进入自己的习惯时，你会以不同的方式看待事物，这真的很重要。有时你并不喜欢你所看到的。但是，你需要对每个与你共事的人都保持积极的态度，因为有些人真的需要这些，即使他们与自己的情感并不是特别合拍。
>
> ——本·科林斯

我们可以通过完全处于当下和坚持不懈地进行联系来改善与他人的联系，但我们必须学习并内化这些习惯。为了做到这一点，就像我们研究中的许多志愿者所做的那样，我们可以把自己与不排斥镜头存在的人（最好是与我们经常互动的人）的交谈录下来，然后拿着“回顾过去”表格反思填写的内容。你可以用这张表格来识别你或沟通伙伴发出邀请的时刻，然后观察你们各自对邀请的反应。这项活动尤其能帮助我们更加留意我们是如何回应沟通伙伴发出的联系邀请的。我们会变得对丰富的人际交往更加敏感。

本·科林斯是芝加哥北部伊利诺伊州德斯普兰斯的缅因西高中的一名副校长。他自愿参与了养成习惯5“建立情感联系”的研究，他仔细地注意了人们是如何建立和破坏人际关系的。为了我们的研究，本记录了他发出的建立联系的邀请，观察了其他人发出的建立联系的邀请，并且把自己与他人的交谈录制了下来，回看了自己是如何与他人进行联系的。

在读了本的反思表格之后，我采访了本，他告诉我他从这个项目中学到了什么。本说：“我认为，在你能做到从另一个角度看问题之前，你都是站在最糟糕的立场对自己做出评判。”本发现观察人们如何处理情感联系“非常有趣”，他说道：“我注意到，有些人真的很擅长自然地与他人建立联系，而有些人真的可以在这方面下点功夫。我认为自己属于真的需要努力的那一类。”

本在观察别人时发现，戈特曼的概念给了他“一个不同的视角来观察别人”。他说道：“以前我会想，‘哦，这个人真的很善良’。现在我看到他们在做一些小事来建立联系，即使他们是下意识地这么做。”

本发现其他人比他“更快地发现这一切”，当他试图改进时，本“马上看到了这产生了巨大的影响”。本在他的反思表格中写道：“如今，我拥有了一种雷达，寻找那些我可以与某人共同拥有一份联系的时候，这种能力让我在职业和个人生活中更加真实地存在。学校可能是一个快节奏的环境，以至于我们会忘记一些事情。我认为这有助于你真正专注于鼓励他人。现在，我每次都会有意识地努力建立联系。如果我可以在我的生活中增加有意的邀请，我想我就可以改善我的人际关系，并且在做任何事情时都成为一名更有效的伙伴。我想成为一名积极的邀请者，寻找更多善待他人的方式。”

学会更好地建立联系

还有很多参与我们研究的志愿者发现，观察和反思自己是如何与他人沟通的非常有价值。例如，卡罗琳·马特森在她的反思表格上写道：

> （我的）意识要敏锐得多。有时它几乎就像你听说过的那些“灵魂出窍”的经历。我会在互动场合的上方或外部徘徊，观察、评估和指导自己。事实上，如今我常常会有这种观察和指导自己的感觉，以至于我不会对自己所做的选择感到不自在了，我会微笑，问一个相关的问题，对沟通伙伴所说或所做的事情说一句鼓励或赞赏的话。

本章的末尾列出了七张表格，以帮助你学会更好地建立联系。

用“回顾过去：建立情感联系”表格仔细分析一段交谈视频。这张表格会引导你思考你的沟通伙伴做了些什么来建立情感联系。用“观察现在：建立情感联系”的第一张表格来集中精力观察你周围的人是如何建立情感联系的。我们项目中的许多志愿者都发现，这张表格所引导进行的这项活动对他们非常有帮助。用“观察现在：建立情感联系”的第二张表格来记录你在一天里发出的邀请。这张表格的目的是增加你每天发出的情感联系邀请的数量。你不应该匆忙填完这张表格，因为你将无法记录下所有的互动，把这张表格带在身边并记在心里，你就可以开启更多的情感联系。本·科林斯就是用这张表格来更深入地了解他每天发出的不同种类的邀请。用“展望未来：建立情感联系”表格来计划发出更多的邀请并做出回应。你可以用这张表格来制订一项与某人建立情感联系的计划。我在本章开头提到的莉萨就是用这张表格和女儿进行联系的。这张表格会指导你完成几个简单的步骤，开始更有意地与某人进行联系。

成为好事的见证者

> “成为好事的见证者”很好地提醒了我，要期待并相信我所辅导的人会有最好的表现。
>
> ——邦妮·汤伯林（Bonnie Tomberlin），
>
> 肯塔基州教育部的一名顾问

建立情感联系最简单、最有力的方法之一就是与他人分享积极的信息。当人们分享积极的信息时，他们会肯定、鼓励，有时还会激励他人。当我和教练一起工作时，我们经常把观察和评论别人所做积极事情的行为称为

“成为好事的见证者”。正如商业大师汤姆·彼得斯（Tom Peters）所评论的那样，“积极关注他人的简单行为与生产力有很大关系”。

当邦妮·汤伯林为了我们的全球沟通研究尝试习惯6“成为好事的见证者”时，她发现自己处于一个困难的境地。作为教练的教练和肯塔基州一个全州项目的主管，邦妮的职责之一是进行执行情况检查，她需要与合作教学团队会面，讨论他们的进展如何。

邦妮一边正在学习如何成为好事的见证者，一边不得不与一个团队会面，在过去的一年里她与这个团队的相处不是很愉快。邦妮写道：“这是我要完成的第二次执行情况检查，第一次检查极其困难，因为那所学校存在‘有毒文化’的问题，这种文化已经污染了整个团队。第一次检查正好是在一年前，当时很困难。离开时，我对这个团队的未来感到非常悲观。”邦妮对第二次执行情况检查并不感到期待，她写道：“我想他们和我一样害怕我的来访。”

邦妮去了那所学校，决心成为好事的见证者。邦妮写道，她想要看到并说出“她想要给出的总体赞扬的具体证据。幸运的是，学校文化的积极变化已经渗透到了团队的课堂上”，邦妮能够在“大部分的反馈时间里谈论这个团队对这些变化接受得有多好，以及这种变化对学生产生了多么积极的影响”。

邦妮做了笔记，这样她就可以非常具体地说出哪方面进展顺利，而且当大家见面时，她就可以告诉团队她看到了什么。邦尼说道：“在协商会议的谈话中，我听到了发人深省的问题和各种各样的答案。我看到团队成员在努力理解新的概念，但他们没有退缩，而是在努力学习。在这次团队会议上，我看到了尊重和真诚的参与。”邦妮写道，当团队听到她的评论时，他们表示“惊讶、感激并热泪盈眶”。邦妮自己也很惊讶，她写道，“他们的反应让我感到谦卑和感动。像这样的成功是用微笑、拥抱和眼泪来衡量的”。

当我们成为好事的见证者时，其他人可能会感到受到鼓励、肯定、推动、鼓舞，有时还会受到激励。马丁·塞利格曼发现积极的情绪是情绪健康的五个关键因素之一，正如他所阐述的，积极的情绪几乎总是发生在人际关系中。他在里程碑式著作《持续的幸福》中写道：

> 积极的事物很少是独自发生的。你上一次放声大笑是什么时候？上一次感受到难以形容的快乐是什么时候？上一次感觉到深刻的意义和目的是什么时候？上一次为某项成就感到无比自豪是什么时候？即使我不了解你生命中这些最好时刻的细节，我也知道它们的形式：它们都是在你和别人在一起时发生的。

对别人做的积极的事高度敏感的人可以为学校的教育工作者提供很好的服务。身为一名教育工作者所面临的挑战，以及因为每天试图接触每一个孩子所感受到的情绪上的疲惫，往往使教师们难以完全理解他们正在做的好事。此外，学校里的沟通有时会变得消极，这可能是教师的一种防御机制，这样他们就不会接触到更多的学生。哈佛大学的研究人员罗伯特·凯根（Robert Kegan）和丽莎·莱西（Lisa Lahey）研究了许多组织中的沟通，他们报告称人们经常对工作的积极面沟通不足：

> 令人惊讶的是，几乎我们接触过的每一个组织或工作团队……对其成员所做的真正积极、值得欣赏和赞赏的事都表达不足。这……是对工作活力的可怕剥夺。

因此，我们能提供的一项非常有价值的服务就是说出我们所见到的人所做的“真正积极、值得欣赏和赞赏的事”。的确，也许我们应该把通过“成为好事的见证者”来改变我们周围发生的沟通作为我们的目标之一。

为何很难成为好事的见证者

> 我们不相信自己，直到有人告诉我们，我们的内心深处有一些东西非常珍贵，值得倾听，值得信任，是触手可及的神圣事物。一旦我们相信自己，我们就可以冒险追求好奇心、奇迹、自发的喜悦或任何揭示人类精神的体验。
>
> ——佚名者

自上而下和自下而上的关注。威妮弗雷德·加拉格尔（Winifred Gallagher）的《全神贯注：注意力与专注的一生》（*Rapt: Attention and the Focused Life*）一书帮助我理解了为什么成为好事的见证者很困难——几乎是反常的。加拉格尔描述了我们可能会给予任何经历的两种关注。自下而上的关注是指当我们注意到一些情不自禁注意到的事物时所给予的关注。例如，如果学校的下课铃在一节课结束时响了，那声音会引起每个人的关注——事实上，下课铃声的设计就是为了达到这个目的。这种自下而上的关注会帮助我们注意到令人愉快的事物，比如刚出炉的饼干香味，或像婴儿哭泣这种令人不快的声音。自下而上关注的是我们避免不了会注意到的事物。

与之相反，自上而下的关注只有在我们提醒自己去寻找某样东西时才会发生。例如，如果课堂上发生了一些会分散注意力的事情，一名正在搜集教师提问信息的教学教练可能会遗漏一些问题。要进行自上而下的关注，我们必须有意识地注意我们所注意的东西。如果我们不告诉自己去看我们寻找的东西，我们就会错过它。

在我们的工作和家庭生活中，消极的经历常常会引起我们自下而上的关注。一名研究志愿者在练习成为好事的见证者时发现了这一点。她写道："我们倾向于寻找消极的事物，而非积极的事物。"她说，为了真正地分享积极的信息，"我们需要思考和采取有意识的行动"。为了真正成为好事的见证者，我们需要教会自己看到一切都很好，而非仅仅关注出错的地方，换句话说，我们需要运用自上而下的关注。马里兰州巴尔的摩的一名教育顾问莉萨·斯莱也曾这样说：有时我会关注消极的一面，但这个过程教会了我如何在任何情况下都找到好的一面。在我们的日常生活中，大多数时候都是好的一面多于坏的一面。

做出直接、具体、非属性的评论。罗伯特·凯根和丽莎·莱西提出了关于如何分享积极信息的第二条建议，他们称之为"一种持续关注的语言"。"持续关注的语言"有具体的特点。凯根和莱西强调，表达真实的欣赏或给予赞赏的反馈需要：(1)直接；(2)具体；(3)非属性。大多数人都认识到了直接、具体的反馈的重要性。直接的评论是用第一人称对一个人说的评论，不是用第三人称说的关于一个人的评论。因此，直接告诉某人"我很感激你给予的帮助"比公开地说"我很感激琼的帮助"更好。

具体的评论会清楚地阐述我们所赞扬的细节，而非提供一般性的陈述。一位研究参与者专注于锻炼这项技能，她在反思表格上记录了许多具体的评论，比如"我注意到他在特殊的时间会更积极地回应你"，以及"在你帮助杰克逊调试笔记本电脑后，他的精神振奋了很多"。

做出非属性评论的重要性可能没那么显著。凯根和莱西在《深度转变》中阐述道，当我们描述他人带给我们的感受而非他们的属性时，我们对他们的积极评论会更有效。例如，对某人说"你是一位善良的教师"（描述我们判断他们所具有的属性），不如说“有三名学生告诉我，他们能看出你真的关心他们”来得有效。凯根和莱西解释了为什么非属性反馈更有效：

> 或许你会认为我们劝你不要做出以下这类陈述会很奇怪，例如“卡洛斯，我只是想让你知道，我有多么感激你，你是多么的慷慨”（或“你是多么有幽默感”或“你说话总是恰到好处”），或“爱丽丝，你是如此的有耐心”（或“如此准时”“永不言弃”“当别人需要你的时候总是会在”）等……对别人说这些话似乎很不错……我们看到的问题是：这个人不可避免地而且会切实地把你说的话与她对自己的认识联系起来。你可以告诉卡洛斯他很慷慨，但他知道自己实际上有多慷慨。你可以告诉爱丽丝她很有耐心，但她知道她对你付出了几分耐心。

学习如何给出直接、具体、非属性的反馈是每个人都应该培养的技能，我们可以每天练习和培养这种技能，直到它成为一种思维习惯。我们可以在工作场所发展这种“持续关注的语言”，也可以在生活中和我们的孩子、父母、配偶或其他人一起练习。练习给予这样的反馈，直到它成为一种习惯性的沟通方式，会有很大的益处。事实上，很奇怪的是，如果直接、具体地告诉别人我们为什么感激他们，我们常常会感到不自在。也许我们害怕我们的评论会显得不真诚或像是为了自己所做的奉承。这种想法大错特错。正如凯根和莱西所说，“持续的关注不是表扬、安抚，给予某人关于他/她或别人的积极定义。我们要再说明一次：持续的关注是在提高一种宝贵信息的质量，是在告诉那个人我们对他/她的感受”。

成长型和固定型的思维模式。卡罗尔·德韦克在她被频繁引用的著作《终身成长》中总结了她对赞美的研究，进一步丰富了我们对如何成为好事的见证者的理解。她在一篇采访中，总结了自己的发现：

> 父母必须停止夸奖孩子的智力。我的研究表明，这样做不仅无法增强孩子们的自尊，反而会让他们变得更脆弱，还会削弱他们的积极性和学习能力。夸奖孩子的智力会令他们陷入一种固定的思维模式，让他们害怕犯错，让他们在遇到困难时失去信心。取而代之的，父母应该夸奖孩子经历的过程——孩子付出的努力、运用的策略、表现出的毅力或取得的进步。这样孩子就会愿意接受挑战，并知道如何坚持下去，即使遇到困难也不会轻易放弃。

因此，成为好事的见证者听起来是一项相当复杂的任务。我们的“持续关注的语言”必须是真实的、直接的、具体的和非属性的，而且要关注努力而非智力。这并不意味着我们在说话之前都应该担心所做的每一条评论的细微差别。重要的是，首先，我们必须告诉他人我们看到了他们所做的好事。我们的评论必须是真实的，否则就会适得其反。但如果之前我们对他人的批评多于鼓励，那么首要任务就是把这种做法扭转过来。其次，在我们养成了注意和说出我们看到的进展顺利之处的习惯之后，我们可以改进我们的语言，试着关注对方付出的努力，而非固化的特征，并给出具体的、直接的、非属性的评论。

视频网站上有一个有趣的视频。在该视频中，一位母亲鼓励她的盲人儿子第一次走下人行道，踏上马路。如果你读了她对儿子所做的评论，你会说她的夸奖非常笨拙。她说了诸如“你能行”和“做得好”之类的一般性评论。但当你观看视频时，你会发现她的话告诉了她儿子一些重要的事情。她向儿子传达的信息是，妈妈和他在一起，他不应该感到害怕，她爱他，相信他，为他感到骄傲。这段视频表明，语言传递的信息比我们的表达方式更重要。当我们有重要的事情要说时，不应该等到找到完美的词汇时再开口。

学会更好地成为好事的见证者

为了更好地成为好事的见证者，我们只需要努力提高我们所做评论的质量，然后跟踪我们分享信息的方式是否会改变人们对我们评论的回应方式。最重要的是要有意给出积极的评论，为了帮助你做到这一点，本章末尾列出了三张表格。

我们可以用“回顾过去：成为好事的见证者”表格回顾我们录制下来的交谈，这样我们就可以评估我们所分享积极信息的有效性，并确定我们在努力成为好事的见证者的过程中可以如何改进。我们可以用“观察现在：成为好事的见证者”表格清晰地思考成为好事的见证者是什么样子的。我们可以用“展望未来：成为好事的见证者”表格思考我们想要分享的积极评论，特别是计划如何做出直接、具体、非属性的积极反馈。

小　结

约翰·戈特曼、琼·德克莱尔和他们的同事花了几十年的时间来追踪人们的反应方式，他们发现人际关系中最重要的变量是情感联系。他们的研究已经识别出一些处于情感联系核心的关键变量。如果我们了解这些变量，并调整行为，我们就可以在生活中建立更多的情感联系。他们确定的变量如下：

- **发出邀请：**可以是提出一个问题，做一个举动，传递一个眼神，进行一次触碰——任何一种表明“我想和你建立联系”的表达。
- **面向：**指以积极的方式回应他人寻求情感联系的邀请。

- **背对：**这种联系模式通常涉及忽视他人发出的邀请或表现得心不在焉。

- **反对：**那些对他人发出的联系邀请提出反对的人可能会被描述为好斗的或爱争论的。例如，如果一个人幻想拥有一辆飞驰的跑车，反对他的朋友可能会回答："靠你的薪水吗？做梦吧！"

我们与他人进行联系的一个重要而有力的方式是分享积极的信息。然而，我们常常没有尽可能有效地分享积极的信息。

我们难以有效地分享积极信息的一个原因是，我们一般的感知方式使我们很难看到进展顺利的事情。威妮弗雷德·加拉格尔指出了两种不同类型的关注：

- 自下而上的关注是指当我们看到一些情不自禁会注意到的东西时所运用的关注。

- 自上而下的关注是当我们必须提醒自己寻找某样东西时所运用的关注。

成为好事的见证者需要自上而下的关注。

凯根和莱西指出了有效分享积极信息所需要的三个特征。有效分享的"持续关注的语言"是：

- 直接的
- 具体的
- 非属性的

深入阅读

约翰·戈特曼关于人际关系的书都值得一读。我在阅读他与琼·德克莱尔合著的《人的七张面孔》时第一次接触到了他的观点。这本书对戈特曼的发现及其与所有人际关系的联系进行了简要概述。

与娜恩·西尔弗（Nan Silver）合著的《幸福的婚姻》和与朱莉·施瓦茨（Julie Schwartz）合著的《改变婚姻的10节课》（*10 Lessons to Transform Your Marriage*）是戈特曼的两本关于婚姻的作品，它们为夫妻提供了一些可以用来建立美好婚姻的宝贵策略。我和妻子珍妮（Jenny）也参加了约翰和朱莉·戈特曼夫妇举办的婚姻研讨会，我们强烈推荐那些想要巩固婚姻的夫妇参加他们的研讨会。

保罗·艾克曼（Paul Ekman）关于面部表情的研究，特别是在《心理学家的面相术》一书中的描述是对他眼中的面部表情通用语言进行的迷人观察。艾克曼的书会帮助我们更好地理解微表情（即持续不到1秒钟的面部表情）是如何传递大量信息的。

威妮弗雷德·加拉格尔的作品《全神贯注》非常有趣，也对我们的注意力是如何以我们未意识到的方式工作进行了有用的描述。有意识的生活是有觉知的生活，加拉格尔的作品会帮助我们更好地理解我们如何看待这个世界。

爱德华·哈洛韦尔（Edward Hallowell）的《发光：脑科学帮你获得人们最好的一面》（*Shine: Using Brain Science to Get the Best From Your People*）为我们每个人尝试与他人建立联系提供了一个令人信服的论点。

凯根和莱西的《深度转变》教会我的关于分享积极信息的知识比我读过的任何一本书都要多，他们关于这个话题的讨论只是这本非常有用和有趣的作品的其中一小部分。

回 顾 过 去

建立情感联系

录下自己与别人的交谈。可以是私人的交谈，也可以是工作上的交谈。只要沟通伙伴同意，就用摄像机把交谈过程记录下来。之后，仔细观看视频，看看你或你的沟通伙伴：（1）是否发出邀请；（2）是否面向；（3）是否背对；（4）是否反对。特别关注非语言的交流。

你什么时候看到你的沟通伙伴发出邀请，以及面向、背对或反对你发出的邀请？

你什么时候错过了向沟通伙伴发出邀请或面向沟通伙伴所发出邀请的机会？

你什么时候看到你自己或沟通伙伴背对或反对邀请？

观察现在

建立情感联系（1/2）

观察人群

花30分钟时间观察你周围的人，观察他们：（1）如何发出邀请；（2）如何面向；（3）如何背对；（4）如何反对。特别关注非语言的交流。

你看到了什么样的邀请？

你是如何看到人们面向邀请的？

人们做了什么开启了或结束了对话？

你是如何看到人们背对邀请的？

你是如何看到人们反对邀请的？

观 察 现 在

建立情感联系（2/2）

情感邀请

用这张表格来记录你每天发出的情感邀请。当你想提醒自己发出更多邀请的时候就用这张表格吧。你只需要用几个词来记录邀请，例如，“提出为亚历克斯买咖啡”。这张表格的目的是促使你多次发出情感联系的邀请。记录每一次邀请的时间不要超过几秒钟。你可以随身携带这张表格，写下发生的事情。

日期	邀请
日期	邀请

展望未来

建立情感联系

确定一个你认为特别需要与之进行更有效联系的人。

你可以做些什么来发出更多的邀请？

你可以做些什么来更有效地面向邀请？

你可以做些什么来更多地注意到人们想要进行联系的需求？

你还可以做些什么来与你的沟通伙伴建立情感联系？

回 顾 过 去

成为好事的见证者

录下自己分享积极信息的交谈过程。可以是私人交谈，也可以是工作上的交谈。之后，观看视频，分析你多么有效地成为好事的见证者。

记录下你对沟通伙伴的赞美，并识别你给予的赞美的属性：

评论	属性的	非属性的	具体的	直接的	非直接的
	○	○	○	○	○
	○	○	○	○	○
	○	○	○	○	○
	○	○	○	○	○
	○	○	○	○	○
	○	○	○	○	○
	○	○	○	○	○
	○	○	○	○	○
	○	○	○	○	○
	○	○	○	○	○
	○	○	○	○	○
	○	○	○	○	○
	○	○	○	○	○
	○	○	○	○	○
	○	○	○	○	○
	○	○	○	○	○
	○	○	○	○	○
	○	○	○	○	○

为了在未来更有效地分享积极的信息，你应该做些什么改变（如果需要的话）？

观察现在

成为好事的见证者

描述一次别人与你分享的积极反馈对你产生积极影响的经历。

这次积极反馈是关于什么，让它如此有效？

你可以从这次经历中学到关于如何成为好事的见证者的什么？

展望未来

成为好事的见证者

用这张表格来为你即将进行的交谈做准备，在这场交谈中你打算成为好事的见证者。

你会给予沟通伙伴什么一般性的夸奖?

什么证据支持了你的积极观察?

你可以做些什么来让夸奖更具体?

第7章

寻找共同点

我注意到我们之间的相似之处要比不同之处更多。

——玛雅 · 安吉罗（Maya Angelou），

选自《人类家庭》（*Human Family*）

我们都希望被倾听、被理解、被尊重、被同情。很少有人真的想要摧毁别人。他们站出来了，但他们这样做是因为他们感觉受到了威胁。当你感觉自己和另一个人相似，或当你意识到你们可能在某种程度拥有相同的思维、感受或行为方式时，你很难感到受威胁。

——珍妮弗 · 斯塔杜姆（Jennifer Stadum），

蒙大拿州博兹曼蒙大拿州公共利益办公室的一名印第安全民教育专家

寻找共同点的4个策略	里程碑承诺
1. 投入地寻找共同点。 2. 寻找相似点，避免分歧点。 3. 使用表达联合的词汇，避免使用会造成分歧的词汇。 4. 避免有害的联系。	1. 我承诺，在我注意人们与我的不同之处前，我会先注意他们与我相似的地方。 2. 我承诺只对别人说善意的话，并在说出刻薄的话之前阻止自己。 3. 我承诺用蕴含了尊重的语言来解决我与他人的问题。 4. 我承诺鼓励我的朋友们也这样做，因为……

在过去10年的大部分时间里，我的儿子杰夫和他的妻子珍妮一直生活在坦桑尼亚的姆芬迪高地，他们领导着一家慈善机构，这家机构致力于改善生活在极端贫困中的儿童的生活，这些儿童的父母大多死于艾滋病。杰夫的组织产生了巨大的影响，我亲眼看到他们几乎每周都会拯救一些人的生命。

杰夫有学习语言的天赋，一搬到坦桑尼亚，他就开始学习当地的交流方式。首先，他掌握了斯瓦希里语（Kiswahili），然后是他居住的姆芬迪地区的部落语言基赫赫语[1]（Kihehe）。杰夫告诉我："我的目标是能够用坦桑尼亚的每一种部落语言至少说几个单词。"

坦桑尼亚的姆芬迪高地离堪萨斯州的劳伦斯市很远，但我去看望过杰夫和珍妮一家几次。从达累斯萨拉姆的主机场开车到姆芬迪需要漫长的14个小时。有一次，当杰夫开车穿过一个村庄送我回机场时，一名穿白色制服的警察挥手让杰夫停下来。

警察走到杰夫的车窗前，连"你好"都没说，就对杰夫吼道："我要罚你40万先令（当时约合150美元），因为你在50公里的区域内以每小时70公里的速度行驶。"

杰夫很快解释说，他没有意识到已经进入了另一个限速区域。警察吼道："你没看到指示牌吗？我要再罚你40万先令，因为你没看指示牌。"当时，杰夫非常担心他可能需要支付这些钱，因为他是靠志愿者的预算生活的，而我想到了我看过的所有关于发展中国家监狱的电影，非常担心杰夫会陷入那种境遇。

就在这时，杰夫走下了卡车，他开始和警察交谈。我看到警官的面部表情和身体姿态发生了变化。警官放松了下来，露出了微笑，然后他和杰夫一起笑了起来，我知道事情会好起来的。杰夫很快回到他的卡车上，我们又上路了。

我们出发后，杰夫告诉我发生了什么事。当和那名警官握手时，杰夫问他来自哪里。当警官告诉杰夫他来自松巴万加时，杰夫用他的部落语言基菲帕语（Kifipa）和他说话。当这位警官听到自己部落的语言而非英语

① 此处采取音译。——译者注

时，他感到很吃惊，笑着对杰夫说："以前从来没有白人用我的语言和我说过话。"这名警官给了杰夫一个警告后就放他走了，甚至还把自己的手机号码给了杰夫，以备他将来需要帮助。几个月后，珍妮的电脑在当地的一家咖啡馆被偷了，杰夫打电话给这位警官求助。警官很快找到了珍妮的电脑，当天就还给了他们，这都是因为杰夫找到了和这位警官之间的共同点。

寻找共同点是一个重要的习惯，这样我们就可以更好地沟通。当我们找到共同点时，我们就超越了分歧，我们就能表达出我们在他人身上真正看到的东西。寻找共同点是一种展现尊重的方式。我们研究中的一位志愿者描述了她是如何通过寻找共同点深刻地改变了她与学校里的人的关系。

> 我和教师们有了如此深层次的交流。我记得有人对我说："我想在每个人的脸上看到上帝。"我现在就有这样的体会。寻找共同点在如此深的层面上将我和教师们联系在一起。我很肯定，我将对此进行更多的探索。因为我们相互联系，而且我们正在探索推动学生和教师前进的实践，所以我和教师们都受到了鼓舞。这份鼓舞激励着我们想要做这件好事。

正如一名志愿者所写的那样，寻找共同点"能让对方更加投入到交谈中"。另一名志愿者写道："如果要进行有意义、有成效的交谈，寻找共同点是非常重要的。"的确，在当今两极分化的世界中，寻找我们与他人的共同点作为交谈的出发点，是一种很好的行为。我们日复一日地看到人们做着完全相反的事情，人们不是在寻找共同点，而是在强调并困扰于他们之间明显的差异。

如今，美国似乎因为关于道德、宗教，尤其政治问题的讨论而变得两极分化。枪支管制、医疗保健、总统的外交政策、同性恋婚姻和堕胎等话题都可能引发带有很深的敌意的谈话。美国媒体似乎在煽风点火。在观看的新闻节目中，播放的评论不是在平静地表达尊重和赞同，而是在大声地发表带有近乎幼稚的敌意的声明。似乎评论越古怪，越麻木不仁，就越有可能在我们的社交媒体页面上霸屏。

在《治愈民主之心：创造符合人类精神的政治的勇气》（*Healing the Heart of Democracy: The Courage to Create a Politics Worthy of the Human Spirit*）一书中，帕克·帕尔默（Parker Palmer）描述了我们的时代是如何被他所称的“愤怒的政治”所支配的。帕尔默报告了戴维·盖尔（David Gal）和戴维·拉克（David Rucker）的一项研究，该研究发现，当人们被展示“与他们最基本的信念相矛盾的确凿证据”时，他们通常会“更有力地倡导那些信念”。在我们身边，我们会看到领导者相互攻击，而电视节目为了吸引更多观众观看他们的节目，会用言辞进一步加剧愤怒。因此，我认为，我们更有理由反对愤怒的政治，努力寻找自己与他人，特别是与那些世界观不同于我们的人之间的共同点。

一名研究志愿者在他的反思表格里这样写道：

> 我发现，共同点总是存在的。有时很难找到，但当我找到时，那是因为我很专注。我也发现，尤其是对于那些和我关系紧张的人，寻找共同点有助于消除隔阂、建立关系。这些障碍是我自己设置的。当我不专注于寻找共同点时，就不会找到。当我忘记这件事的时候，交谈就变得不愉快了，但当我真的试图找到它的时候，我总能做到。

分离心理学：为何看到相似点这么难

我们需要努力寻找共同点的一个原因（以及我们努力这样做的原因）是

其他人确实不理解我们所说的非常清楚和简单的事情。寻找共同点和大多数沟通的一个主要障碍是人们（包括我们自己）会犯知觉错误（perceptual error），这会阻碍清晰的沟通。

人是会建构意义的存在，当他们看到另一个人身上有一些他们不理解的东西时，他们通常会找到方法来解释他们的困惑。换句话说，意义不仅存在于我们的大脑中，也存在于沟通伙伴的大脑中。遗憾的是，别人对我们所表达内容的理解可能会出错。心理学家已经发现了许多知觉错误，这些错误会导致我们在不知不觉中误解我们看到和经历的事物。我在下面描述了一些最容易阻碍我们找到共同点的知觉错误。

确认偏误

人们可能看不到自己与他人的共同点的一个原因是确认偏误。奇普·希思和丹·希思在《决断力：如何在生活与工作中做出更好的选择》一书中将确认偏误描述为我们寻找支持自身假设的数据的自然倾向：

> 我们生活中的一般习惯是对一种情况快速形成信念，然后寻找支持我们信念的信息……研究人员一次又一次地发现了这个结果。当人们有机会从世界上收集信息时，他们更有可能选择支持他们先前的态度、信念和行动的信息。

倾向于为自己的信念寻求支持就是人们看不到自己与他人之间共同点的一个主要原因。例如，一个持保守或激进政治观点的人可能会对持相反政治观点的人持有负面的看法，然后通过政治的视角看待其他人的每一个行动。结果是，即使同事们能找到彼此之间的共同点，他们也往往看不到，因为他们太专注于彼此之间的差异了。正如一名研究志愿者在她的反思表格上所写的那样，“在那些会说出你想听的话的人身上会更容易找到与你之间的共同点”。

习惯化

许多人误读他人的第二个原因来自心理学家所称的“习惯化”（habituation）现象，即我们会对反复经历的事情失去敏感性。通过习惯化，我们可以对任何经历不再敏感，不论它是愉快的或不愉快的，美好的或丑陋的。这意味着，在某一段时期不可能看见的东西，最终可能会变得几乎看不见。

习惯化的影响是，随着时间的推移，我们可能会忘记自己与他人的所有共同点。正如我们研究中的一位志愿者在她的反思表格上所写的那样，“我们都是为了同一个原因来到这里的：帮助学生，支持他们的学习”。然而，随着时间的推移，由于习惯化，我们可能会忘记我们所有的共同点，让那少数几个分歧阻止我们以有意义的方式前进。

首因效应

> 沟通……需要时间。我们需要花时间坐在一起，一起倾听，一起担心，一起做梦。在这个动荡的时代让我们变得四分五裂之际，我们需要重新腾出时间在一起。否则，我们就无法阻止分裂。
>
> ——玛格丽特·惠特利

首因效应是指我们与某人的第一次接触会让我们对那个人持有某种特定的印象。例如，当我第一次参加男女混合垒球队的比赛时，我在第一次击球时就打出了一个长距离的全垒打。那天我被队友视为清垒者的绝佳人选，尽管我通常的表现更适合接地滚球和担任游击手。在大约一个月的时间里，我经历了太多的双杀，我的队友才意识到，我很少会击出全垒打。

首因效应会极大地干扰他人解读我们的能力。正如海蒂·格兰特·霍尔沃森（Heidi Grant Halvorson）在《给人好印象的秘诀》中所写的那样，“首因效应几乎完全导致了这样一个事实：有时，我们在别人眼里不会犯错，而有时，无论我们做什么，我们似乎都会把事情搞砸”。

刻板印象

刻板印象是一种特别棘手的知觉错误。格兰特·霍尔沃森也写道：

> 刻板印象是我们对人的分类的信念，我们会用很多方式给人分类：性别、种族、性取向、民族、职业和社会经济阶层。与这些类别相关的一些信念是积极的，比如亚洲人擅长数学，或者消防员很勇敢。另一些信念显然没那么积极（例如，红头发的人脾气暴躁；女人是软弱的；穷人很懒）。

刻板印象之所以有吸引力，是因为它们减轻了认知负荷，也就是我们做某事所需耗费的脑力。就像我在机场看到的一件T恤所写的那样：“刻板印象真的能节省时间。”当然，问题在于刻板印象会导致种族主义、同性恋恐惧、性别歧视或其他去人性化的信念，这些信念会使我们将他人视为某个群体的一部分，并对每个个体的特征视而不见。

刻板印象也会妨碍我们找到彼此的共同点。当我们以刻板印象看待另一个人时，我们会看不到他们真正的样子，这会让我们很难看到彼此的共同点。如果我真的不了解你，我怎么会知道我们有什么共同点？当我们真正找到我们的共同之处时，就能打破刻板印象，发现那个被我们视为某种类型的人实际上和我们非常相似。帕克·帕尔默在《治愈民主之心》一书中写道，“你对另一个人的故事了解得越多，就越不可能把他视为敌人”。

心理学家已经发现了许多其他的知觉错误，包括“晕轮效应”（halo effect，又称光圈效应），即我们倾向于因为对具有某种特征的人的认知而产生偏见（例如，长得好看的人聪明）；“差于常人效应”（worse than average effect），即倾向于认为我们在完成任务方面表现比别人差（尽管没有证据支持这个观点）；甚至还有“宜家效应”（IKEA effect），即人们倾向于高估自己组装的家具的价值。知觉错误表明，当人们解读我们所说的和所做的一切时，对于他们不理解的部分，他们会自行建构意义，而且通常他们会误解我们。因此，为了确保人们真的理解我们，为了打破我们与他人之间无形的障碍，我们需要寻找共同点。

怀俄明州绿河市的教学教练卡罗尔·沃克在他的反思表格上这样写道：

> 我认识到，尽管我们的个性、观点和动机可能大相径庭，但我们能够与彼此建立联系。从根本上来说，我们都需要保护我们的精神，并感到我们拥有良好关系的两个基石：选择权和发言权。如果没有其他共同点存在，那么这两个需求是人类的原始需求。现在我仔细想想，如果我们能够满足和尊重彼此那些古老而持久的需求，那可能会是我们真正需要建立的唯一的共同点。

寻找共同点的策略

> 我认为我需要在沟通中培养耐心。随着年龄的增长，我似乎变成了一个更注重结果的人，在决心消除工作中的障碍时（基本上是通过成为一枚热追踪导弹），我想这样做是否可能会让自己失去对同事应有的理解。我内心有一种强烈的动力，也许很多人都有这种动力，那就是想要竞争，想要取得成绩。我确实想要结果，但我不知道我是否让别人感受

到了尊重和快乐。

——卡罗尔·沃克

在我们的研究中尝试寻找共同点的志愿者看到了在各种情况下养成习惯的重要性。对一些人而言，寻找共同点是与学校里的其他教育工作者建立联系的重要方式。志愿者们写道，他们在“学习新课程、整合新旧方法”“努力教育学生，尤其是他们的行为”等方面寻找共同点，正如卡罗琳·马特森在反思表格上所写的那样，“每个人都深深渴望为学生尽自己最大的努力”。马特森补充道，“为学生服务的动机提供了一个我所需的共同点，可以让我在谈论一个有强烈感受的话题时倾听别人的观点”。

许多人找到的自己与他人的共同纽带和他们在职场外的经历有关。当谢里·艾兴格（Sherry Eichinger）发现她和一位同事在跑步和烹饪方面有共同的兴趣时，这让他们更容易展开交谈。其他人则在谈论他们过去的工作经历（都在城市工作过），从怀孕、购物、鞋子聊到婚姻，甚至是在谈到切达干酪爆米花时找到了共同点。共同点为许多不同类型的对话提供了机会。一位志愿者写道：“我的祖母教我，我们都以同样的方式大笑、大哭和爱。在我试图寻找共同点时，她睿智的话语带给了我莫大的帮助。”

最引人注目的是，人们写下了许多关于共同点实验的笔记，他们发现这个习惯对于他们的一些最重要的沟通而言是绝对至关重要的。人们写道，他们在与87岁的父亲谈论搬去养老院，试图说服一位同事不要辞职，与朋友谈论她至亲的去世，以及与21岁的儿子谈论为什么人生真的值得活下去时在寻找彼此的共同点。共同点使许多重要的沟通成为可能。

寻找共同点是至关重要的，因为正如一名志愿者所写的那样，“一段关系必须有共同点才能存在”。幸运的是，我们为你提供了一些简单的策略来寻找共同点，这些策略在我们的研究中经过了许多人的测试，它们包括：（1）投入地寻找共同点；（2）寻找相似点，避免分歧点；（3）使用表达联合的词汇，避免使用会造成分歧的词汇；（4）避免有害的联系。

投入地寻找共同点

寻找共同点的第一步就是投入地去做。这条策略的核心信念就像玛雅·安吉罗在她的诗《人类家庭》中所写的那样，“我们的相似之处多于我们的不同之处”。因此，在每一次互动中，我们都应该试着找到共同点，尤其是当我们面对那些与我们不同或看上去与我们不同的人时。“里程碑项目”（Milestone Project）是一个致力于以视觉方式展示我们每个人与其他人类有多少共同点的组织，该组织的创始人，同为摄影师的理查德和米歇尔·斯特克尔（Richard and Michele Steckel）提出了一个儿童和成人都能做到的承诺（里程碑承诺），即用语言描述了投入地寻找共同点可能是什么样子。他们收集了来自世界各地的儿童照片，正如他们所说，“在看到我们都是一样的之后，这个世界上发生的分离被治愈了，人们爱着那些把他们团结在一起的东西”。

参与研究的许多志愿者报告说，单是计划寻找共同点就会大大增加发生这种情况的可能性。正如玛丽莲·艾伦所写的，“在我看来，只要一个人一开始就打算寻找共同点，他们几乎肯定会在这件事上做得更成功。在沟通前设定一个意图，确定这些目标，就好像保证了你会在实现结果方面取得更大的成功”。

寻找相似点

另一种寻找共同点的方法是有意识地寻找我们与沟通伙伴的相似点。我将可能的相似点总结为I-CARE，即兴趣（Interests）、信念（Convictions）、活动（Activities）、角色（Roles）和经历（Experiences）的首字母缩略词，这样当你在沟通中寻找共同点时会很容易记起来。依据I-CARE模型寻找共同点可能会成为很多沟通的起点。一名志愿者写道："我对寻找共同点产生了好奇心，以前从没有过这种感觉。当我第一次见到某人时，我喜欢接受寻找共同点的挑战——当我第一次发现共同点时，我会感到有点激动。"

兴趣。许多参与者写到了他们寻找与他人的共同兴趣。对于一些人来说，共同兴趣与他们的工作有关。珍妮特·科克伦（Janette Cochran）写到她与另一位教师的交谈，这位教师分享了她对埃德·埃利斯（Ed Ellis）开发的"框架流程"（The Frame Routine）的热爱。其他人则谈到了他们的共同目标，即为家长、教师或学生提供支持。参加我们研究的许多人在工作之外找到了与他人的共同点。詹妮·多诺胡（Jenni Donohoo）写到了她和别人在谈论丈夫和购物时找到了共同点。西德拉·沙夫（Sidra Scharff）谈到了她和别人在谈论音乐时找到了共同点。共同兴趣也有可能是爱好，比如某些图书、食物、当地的餐馆或运动队。

信念。大家最普遍的共同信念是致力于学生工作。当珍妮·古尼亚（Jenny Gunja）开始寻找共同点时，她发现自己与沟通伙伴在"政治与政府、文化遗产、舞蹈、电影、移民改革、家庭、城市青年教育、辅导、职业发展和预算削减"的领域拥有共同的信念。克里斯·斯洛克姆（Chris Slocum）写道，她的团队都对高质量的专业工作做出了承诺："我们不会掉以轻心。

我们希望保持专业，为我们的教师提供强大且易于实施的策略。我们有许多相同的价值观——节省教师的时间，向教师传递有用的信息，改善教师的教学以使学生受益等。”其他人表达的共同信念与宗教、思想和生活的一般原则有关。

活动。我们研究中的许多参与者在喜欢的活动方面找到了共同点。对许多人来说，这些活动是他们日常生活的重要组成部分，对那些热爱健身、跑步或健康生活方式的人来说更是如此。其他人写到他们在烹饪、烘焙，甚至是看特定的电视节目方面找到了共同的爱好。人们找到的其他的一些共同爱好活动是唱歌、写作，或在社区及礼拜场所担任团体（比如青年团体）的领导者。

角色。格雷格·内茨格（Greg Netzger）和他的妻子都是学校校长，因为他们有相同的工作，格雷格说他们“几乎总是有话聊”。我们项目中的许多志愿者也是这样。当他们发现自己与某个人扮演着相同的角色时，他们就有了许多交谈的出发点。教师、副教授、专家和教练会互相分享他们在工作中获得的奖励、挑战，甚至是孤独。还有一些人谈到了他们在校外的角色，包括父母、女儿或儿子、委员会成员、童子军领队或唱诗班指挥。当人们发现他们与别人扮演着相同的角色时，他们通常会突然有很多话可说。

经历。有时共同的经历可以成为人与人之间强有力的纽带。在我们的研究中，志愿者写到了当他们意识到彼此去过相同的地方（伦敦和巴黎出现的次数最多）时建立起来的联系。有一些人则谈到了在同一个地方工作，在为相同的领导工作，或曾经做过相同的工作（包括在20世纪80年代卖冰激凌）的经历。人们共同拥有的其他经历包括他们认识的人，上过的大学，与成为丈夫或妻子有关的经历，或简单的日常生活，比如去海滩散步。共同的经历还包括百老汇之旅、美国各地的旅行、观看感恩而死乐队（Grateful Dead）的演出等。

避免分歧点

如果我们能够阅读敌人的秘史，就会发现每个人的生活中都有足够的悲伤和苦难，足以消除所有的敌意。

——亨利·沃兹沃斯·朗费罗（Henry Wadsworth Longfellow）

当我们找到与他人共有的东西时，它可能会成为建立真实联系或关系的踏脚石。然而，如果我们注意到我们和沟通伙伴之间的重要区别，它就会在我们之间筑起一道石墙。

有趣的是，上面列出的所有潜在的共同点（兴趣、信念、活动、角色、经历）也可能会是分歧点。一个显而易见的例子，即使是微不足道的问题，比如我们支持哪支大学篮球队，也可能会成为分歧点。如果你和我穿着相同队伍的球衣，我们可能在兴趣方面找到共同的纽带。但如果我们穿着的是不同球队的球衣，那么当我们发现这种差异时，进行交谈可能会有一点困难。在有明显分歧的情况下，我们需要特别有意识地寻找共同点。

曾经有人来听我的演讲，但他们告诉我他们的配偶让他们不要来，因为我在堪萨斯大学工作，而堪萨斯大学是他们配偶所在篮球队的竞争对手。在解决我们的分歧之前，我们首先面临的挑战是寻找我们的共同点——不要因为我们支持不同的球队而感到心烦，而要团结起来欣赏这项运动本身。

分歧点一旦变得特别个人化，就会让人们彼此分离，甚至是那些互相爱着对方的人。参与我们研究的一名志愿者描述了政治是如何让她远离母亲的。“我告诉我妈妈，‘我不喜欢和你谈论这些。我不喜欢和政治观点不同的人交谈。真不敢相信你居然支持那项法律。这是种族主义。它助长了歧视，没有别的看待方式可以让它变得合理。如果我们在一起会关系紧张，我就不去你家吃早餐了。我真搞不懂你’。”

就像我们研究中的这位志愿者一样，我们中的许多人都不喜欢“与持有不同观点的人交谈”。但这是我们面临的真正挑战。为了克服某些地区普遍存在的两极分化和分歧，我们需要从寻找我们的共同点开始做起。正如帕克·帕尔默所写的，我们所面临的挑战（看到我们与不同于我们的人之间有什么共同之处）与1861年3月4日亚伯拉罕·林肯（Abraham Lincoln）在第一次就职演说中所描述的挑战是一样的：

> 我们不是敌人，而是朋友。我们绝不能成为敌人。尽管目前的情绪有些紧张，但决不能容许它使我们之间的亲密情感纽带破裂。回忆的神秘琴弦，在整个这片辽阔的土地上，从每一个战场，每一个爱国志士的坟墓，延伸到每一颗跳动的心和每一个家庭，它有一天会被我们的良知所触动，再次奏出联邦合唱曲。

使用表达联合的词汇，避免使用会造成分歧的词汇

语言可以使人们走到一起，也可以把他们分开。为了找到共同点，我们应该使用表达联合的词汇，避免使用会造成分歧的词汇。最基本的几个例子是：说“我们”而非“我”，说“是”而非“不”，说“而且”而非“但是”。

参与我们全球沟通研究的志愿者记录下了他们在寻找共同点时使用的词汇。一般来说，我们可以把他们选择的词汇归入某个单词或短语的类别。

人们记录的话语表达了联合，表明人们与沟通伙伴拥有共同的经历。因此，人们写道，他们用了“我也是”“是的，正是如此”“我明白”“哇”，还有“我们”这些词汇。有人写道，她小心地将“帮助”一词替换为“合作”。许多词语传递出了希望，它们包括“爱”“家庭”“团队”“一起”和“谢谢”。

我们项目的参与者还分享了他们所说的建立共同点的短语。这些短语肯定了他人，表达了联合的意思。例子包括“我们就是做这个的”“你经历过……吗”“我们可以……”“你觉得……怎么样”“我为你而来”“我也是”“你完全有理由这样想”。有一个人写道，她辅导的一位教师告诉她，“你让我变成了一个更好的人”，听到这句话的时候，她感受到了自己和这位教师之间有一条共同的纽带。

使用联合的词汇很重要，但这个策略的第二个部分是避免使用带有负面情感含义的词汇。例如，像“粗心”“不诚实”“懒惰”和“不专业”这样的词语，当我们直接对别人说出这些词语时，即使是间接地说出，也会造成很大的隔阂。“这么说很不诚实”和“你在说谎”之间其实没什么区别。我们必须避免使用这样的语言，并不断寻找表达联合的语言。

避免有害的联系

对于我们大多数人来说，通过寻找共同点而建立的联系会使我们产生非常积极的情绪。我们喜欢它，当我们与他人联系时，我们会感觉很好。然而，我们需要小心，不要假设所有的联系都是好的。某些类型的联系可能会适得其反，甚至是有害的。参与研究的一名志愿者写道：“我经历过很多好事，但也有一些令人烦恼的事情。最让我恼火的是，人们很容易围绕在消极的事物周围。”简单来说，存在两种共同点，一种是健康的共同点，另一种则是不健康的。

不健康的或有害的联系涉及各种贬低他人的共同点。这种类型的交谈对社群或工作场所都没有好处，会贬低他人，并削弱我们的自我意识。也许甚至会变得更糟糕，有害的评论会像不健康的病毒一样传播开来。凯根和莱西在《深度转变》一书中描述了有害联系可能带来的不健康影响。

> 抱怨、祝愿和希望的语言是一种非常常见的沟通形式，但它……（不培养）……个人学习能力和反思性领导力……（而且）抱怨会自己生长，变得像杂草一样到处都是。

批评老板或说同事闲话所带来的快感通常也会伴随着惩罚。当我们陷入有害的联系时，我们至少部分地意识到了我们是两面派，和某个人在一起时的我们不是和其他人在一起时的我们。当人们意识到他们不够真实，意识到他们没有按照自己想要被对待的那样对待别人时，他们的自尊会大大降低。正如帕克·帕尔默所写的，“有时，心就像煤矿里的金丝雀，呼吸着世界上的毒气，并开始走向死亡”。

我们应该避免有害的联系，第8章描述了我们可以用来重新引导有害沟通的策略。积极的联系可以让我们更接近更好的沟通。寻找共同点是一种通过看到我们相似的积极面来与他人建立联合关系的习惯。这是在尝试与他人进行联系，尤其是那些从表面上看和我们很不一样的人。

寻找共同点很有可能可以让关系变得更紧密，但如果不真诚，就不会起作用。寻找共同点就是看清别人，然后分享我们之间相似的地方。寻找共同点并不是建立联系的廉价伎俩，而是一种尊重和肯定互动伙伴的方式，尤其是那些与我们持有不同观点的人。

最后，“寻找”共同点并不等同于“告诉”别人我们有相同的目标或目的。当我们寻找共同点时，我们从来不会说“我知道我们都同意……”这样的话，因为这是一种修饰过的表达，实际上就是在说“让我们按我的方式来做吧”。寻找共同点是指寻找我们拥有的共同之处，但也是一种相互探索、相互发现的过程。我们是一起在做这件事，而不是让彼此做某事，这就是寻找共同点能对人际关系产生积极影响的部分原因。通过寻找共同点，我们会打开真正通往沟通、联系和有意义关系的大门，我们会找到威廉·奥威尔·道格拉斯（William Orville Douglas）所说的“将全人类凝聚在一起的共同点”。

获得格莱美奖的制作人马克·约翰逊（Mark Johnson）发起一个源于音乐的公益组织“音乐改变世界”（Playing for Change），其中成员创作并发布的视频有力地阐明了我们与世界上的其他人有很多共同之处。“音乐改变世界”的成员们在世界不同国家不同城市演唱或演奏同一首歌，然后剪辑成短片，用音乐的形式把世界连接起来。

学会更好地寻找共同点

通常，如果我们想要找到共同点，我们需要做的第一件事就是承认并放弃对他人的任何现有判断，这些判断可能会妨碍我们找到共同点的能力。有一些很简单的事情会妨碍我们看到自己与他人的相似之处，例如沟通伙伴拥护我所喜欢的球队的竞争对手。

一旦我们尽了最大的努力来清除我们头脑中的判断，接下来的任务就是尝试这个习惯，看看会发生什么。你可以遵循I-CARE模型中包含的5种类别。当然，这种首字母缩略词可能会令人感到讨厌。它们可能会太过可爱和简单，而且可能会让某些想法看上去更简单，以至于失去它们的力量。不过，在这个例子中，把这几个词结合为一个首字母缩略词是为了提供一个简单的记忆钩，以便在任何沟通开始时，我们可以想起许多不同的方法来寻找共同点。如果在与人见面和交谈时在脑海中回想这个缩略词感觉很愚蠢，那就不要这样做，但许多人发现这个缩略词所指的内容是交谈的一个有价值的起点。

为了养成寻找共同点的习惯，我建议你记住这个I-CARE，然后尽可能多地在与他人的沟通中运用它。在与同事、学生、家人、出租车司机、发型师或理发师，或几乎任何你遇到的人的沟通过程中运用这个缩略词。我建议你尤其要在与那些和你没什么共同点的人沟通时尝试一下。

当你试图寻找共同点时，注意交谈中发生了什么。你能找到共同点吗？如果可以，你对沟通伙伴的感觉变得更积极了吗？有没有什么因素让你们很难找到共同点？有什么因素能让双方更容易找到共同点吗？

为了帮助你找到共同点，正如探索其他所有习惯时所做的那样，我编制了一些反思表格，你可以用这些表格来帮助你把这些想法变成习惯。

在交谈结束后，用“回顾过去：寻找共同点”表格来反思这次的交谈。在最好的条件下，你可以回顾一段出于其他目的录制的交谈音频或视频（例如，一段辅导谈话），然后思考你要如何有效地养成这个习惯。在大多数情况下是没有交谈音频或视频的，即便如此，你也需要用这张表格思考：在试图寻找共同点的过程中，哪些做法是有效的，哪些做法仍然需要改进。

用“观察现在：寻找共同点”的第一张表格来记录你试图寻找共同点的互动。把互动过程记录下来，你做了些什么，结果如何。填写这张表格是为了帮助你更清楚地意识到当你试图寻找共同点时会发生什么。用“观察现在：寻找共同点”的第二张表格来尝试运用I-CARE模型寻找共同点。正在学习更好的沟通的信念与习惯的团队成员或成员伙伴都可以使用这张表格。用“展望未来：寻找共同点”表格来计划如何在接下来的交谈中找到与某人的共同点。当你计划一场重要的会议时，或者当你第一次尝试运用这个习惯时，这张表格可能会特别有用。

小 结

寻找共同点是一个强大的沟通习惯，我们可以用它来改善我们的人际关系，更有效地进行沟通。这也是一种高尚的行为，可以让世界变得更美好。

我们可以采用4个简单的策略来帮助我们找到共同点。

- 投入地寻找共同点。在每一次互动中，我们都应该试着找到共同点，尤其是当我们面对那些与我们不同或看上去与我们不同的人时。
- 寻找相似点，避免分歧点。我们可以通过记住缩略词I-CARE（兴趣、信念、活动、角色、经历）来做到这一点。一旦找到了共同点，讨论我们之间的分歧就会容易得多。
- 使用表达联合的词汇，避免使用会造成分歧的词汇，即仔细检查你所说的话，确保你说的话不会造成理解障碍。
- 避免有害的联系，比如诉苦、抱怨、八卦等。贬低他人的交谈永远不会是健康的。

深入阅读

帕克·帕尔默的《治愈民主之心》是为我们这个时代而诞生的一本书。在这个世界围绕着政治和宗教话题变得似乎越来越两极分化的时刻，帕尔默谦虚而坚定地提出，我们应该重温林肯总统在他的第二次就职演说中所传达的信息。帕尔默写道："林肯对一个严重分裂的美国发出了呼吁，他指出了一个关于我们所有人的基本事实：如果我们要生存和繁荣发展，我们必须以同情的态度对待分歧和矛盾，以免失去我们的民主。"

我是帕尔默其他作品的超级粉丝，他的精彩著作《教学勇气》是我最喜欢送给新教师的礼物。帕尔默用优美的语言描写了尊重他人、过真实生活的重要性，以及教学的挑战与回报。他的其他作品也绝对值得一读，我从他的书《隐藏的整体性：通往不可分割的生命之旅》（*A Hidden Wholeness: The Journey Toward an Undivided Life*）中学到了对一般群体与生命的促进。

海蒂·格兰特·霍尔沃森的《给人好印象的秘诀》是一本通俗易懂、以证据为基础的沟通研究总结。格兰特·霍尔沃森描述了我们的想法、行为以及他人的想法、行为如何使简单的沟通变得困难，然后描述了我们可以用来克服这些困难的策略。她的书对那些依靠信任工作的人而言特别有用，因为她就如何建立信任给出了极好的建议。

回 顾 过 去

寻找共同点

用这张表格来观察一段交谈，你们可能在交谈中找到了共同点，也可能没有找到。

简要描述你所经历的交谈。

你和沟通伙伴之间有什么共同点？

请记录下你或沟通伙伴在交谈中说过的导致联合或分歧的词汇。

你有没有做过避免分歧点的事情？

为了更有效地寻找共同点，你是否应该做一些调整？

观察现在

寻找共同点（1/2）

记　录

当你决定花一整天的时间寻找共同点时，记录下你在这一天经历的互动。这些互动是什么？你做了什么？结果如何？

互动	你做了什么？	结果

观察现在

寻找共同点（2/2）

与沟通伙伴一起

用这张表格探索寻找共同点这个习惯，并尝试运用I-CARE模型。用这些问题来找出你和沟通伙伴的共同点。

兴趣：你的兴趣或爱好是什么（书籍、食物、餐馆、音乐、运动队、旅行等）？

信念：你在智力、政治、艺术、社会活动或宗教方面的重要信念是什么？

活动：你喜欢做什么事（烹饪、跑步、唱歌、写作、做志愿者、工作、当导师等）？

角色：你现在或曾经担任过什么角色（教师、管理员、家长、委员会成员、童子军领队、教练、唱诗班指挥）？

经历：你有过哪些重要的经历（上过的学校或大学；认识的人；去过、住过或希望去的地方）？

展望未来

寻找共同点

你想和谁找到共同点？

你对这个人的评价是否会让你很难找到你们的共同点？

可能存在共同点的领域或需要避免的话题有哪些？考虑按照首字母缩略词I-CARE来思考。

I　兴趣，比如书籍、食物、音乐、运动队、当地餐馆……
C　信念，比如知识、政治、宗教方面的信念……
A　活动，比如烹饪、跑步、唱歌、写作……
R　角色，比如教师、管理员、家长、委员会成员、童子军领队、唱诗班指挥……
E　经历，比如上过的学校或大学，认识的人，去过或希望去的地方……

你可以问什么问题来找到共同点？

第8章

重新引导有害的话语和情绪

当我们对重要的事只字不提的时候，我们的生命也走到了尽头。

——马丁·路德·金

我认为有太多人喜欢用言语伤害别人。我不想待在那个阵营里。

——一位研究志愿者

控制情绪的3个策略

1. 认出它：辨认哪些情况会触动你的情绪按钮，以及你感到愤怒的根本原因是什么。

2. 重新构建它：通过引入一种新的理解框架来改变你对令人产生难受情绪的沟通的看法。把自己看成一名倾听者、学习者、游戏玩家或超然的观察者。

3. 驯服它：(1) 争取时间；(2) 倒带；(3) 打破恶性循环；(4) 避免做出假设。或者，用你自己的策略来控制情绪。

想象自己是一部动作片的主角。其中有这样一段情节，为了渡过危险，你必须走上一小块木板，穿过一个充满有毒物质的炽热湖泊。你每走一步，都要观察木板的两边，以确保自己能够保持平衡。你知道走错一步就可能会掉入这个有毒的湖，所以你仔细观察，小心行事，以确保你安全通过木板。

这或多或少就是我们在充满情绪的交谈中需要做的事。我们需要观察并记住，沟通可能很快就会变得有害，当交谈变得有害时，我们就失去了进行更好的沟通的机会。当参与互动时，我们需要确保自己不会掉进有害的区域。

请思考以下两个场景：

场景1：这是一个上学日的早晨。时间很紧张了，你的儿子还在洗澡。

他上学要迟到了，你上班也可能要迟到了。他16岁了，即使没有你的提醒，他也应该自己出发去上学了。看起来他真的一点都不在乎自己是否迟到，或（对你而言更重要的）你是否迟到。你用力敲着房门，吼叫着让他快点出发。当他终于下楼时，你们俩都跑着上了车，早饭也没吃，开往学校的路途漫长、沉默而愤怒。

场景2：在公婆家过节吃饭时，话题围绕着你配偶家乡社区发生的所有变化。一位来访的邻居指出，这个小镇的种族构成正在发生变化，对他而言，这个小镇再也没有家的感觉了。然后他继续补充道，“反正那些人也不希望我们在他们周围”。一场关于家乡的闲聊突然转变为种族主义的言论。当时你在公婆家，你不想惹麻烦，但你听到了那些话。保持沉默可以避免冲突，在友好的餐桌上说出你想说的话可能会引发愤怒的评论，但你牢记着马丁·路德·金的那句话“当我们对重要的事只字不提的时候，我们的生命也走到了尽头”。你会怎么做?

在这两种情况下，交谈都很快会变得有害。充满敌意、贬低人的交谈很少会出现好的东西。显然，为了进行更好的沟通，我们需要控制自己的情绪，这样情绪就不会影响我们的互动。当别人的评论对他人造成伤害时，我们也需要说出自己的看法并对沟通进行调整。本章描述了该如何应对这两种有害的情况。

控制我们的情绪

我发现我在生活的各个方面都在使用这种方法，不仅仅是在专业辅导中会使用。我正在以不同的方式看待我的个人生活，因为我在关注我能做些什么来控制我对情况的反应。这迫使我更多地思考如何实践我所宣扬的东西。

——罗恩·拉隆德（Ron Lalonde），迪拜美国学校中学部校长

一些最有害的变化其实发生在我们的内心。当情绪占据上风时，我们几乎不可能运用任何更好的沟通的习惯。当我们生气时，我们可能不会倾听、互动、表现出同理心，或寻找共同点。在那些时刻，我们想要做的往往是报复。

参与研究的参与者分享了许多他们必须努力控制情绪的情况。正如苏珊·埃利森（Susan Ellison）在她的反思表格上所写的那样，以及许多志愿者所报告的那样，“在工作中控制破坏性情绪比在家里容易得多”。例如，莉萨·贝纳姆（Lisa Benham）写道，她和十几岁的女儿谈到她女儿在高三时英语课程得了F。莉萨写道，通过学会控制自己的情绪，她从“一个不明白为什么女儿在高三时不努力学习的沮丧的母亲”变成了一个能控制自己情绪的人。莉萨在她的反思表格上写道：

我意识到，让自己有意识地监控自己的情绪，提高了我对事件、人，以及通常会令我感到沮丧的情况的容忍度。我已经重拾控制破坏性情绪的能力，这些情绪会耗尽我每天的精力。这尤其有助于我与18岁的女儿更好地相处，也有助于我在与管理人员的交谈中推动以目标为导向的话题。

其他志愿者描述了一些具有挑战性的情况，在这些情况下，重拾力量、控制情绪对他们而言很重要。帕蒂·布鲁斯（Patty Brus）写道，她曾在一个表亲的葬礼上说过一些话，她对此感到后悔，她的表亲是一名海军陆战队员，在战斗中牺牲。帕蒂写道：“自从那次交谈之后，我试着调整自己的

情绪，尊重个人的选择，而非把自己的选择强加给他人。”一名研究志愿者写到，她和儿子聊起找暑假工的事，她发现“转述儿子所说的话是一种强大的工具，可以避免潜在的困难情绪，进行有意义的交谈。太棒了！”。

我们的有害情绪会在很多方面对我们产生负面影响。它们可能会阻止我们说出应该说的话，也可能会促使我们说出一些会后悔的话。黛比·凯斯勒（Debbie Kessler）写道，“当我们无法控制自己的破坏性情绪时，我们就无法听到需要被听到的声音”。如果我们希望进行一场更好的沟通，从很多方面来看我们都需要控制我们的情绪。我们可以运用三个简单的策略来做到这一点——**认出它，重新构建它，驯服它。**

这三个策略的名字（认出它，重新构建它和驯服它）可能看起来有点可爱，但我选择这几个名字是因为它们很容易记住[①]，这样当我们身处充满情绪的互动中时，可以很容易地记起这几个策略。正如一名研究志愿者所写的那样，“这些策略简短又贴心，容易回想起来”。卢·安·方丹（Lu Ann Fountaine）写道，“我认为记住一些简单、具体的策略并经常回想运用是非常有帮助的”。

认出它

有太多的事情与我们作对，我总是试着告诉自己，美好是重要的。这并不意味着我会让自己成为一个怎么都可以的人。当我感到沮丧时，我会把它当成一个个人挑战，试着找到最友好的方式来解决问题。我发现，当我感到有人按下自己的按钮时，这个方法对我会很有帮助，因为

① 这三个策略的英文原文是Name It，Reframe It和Tame It，发音比较像。——译者注

> 即使我不理解别人的想法，或者有人做了令我感到沮丧的事情，我依然会试着记住要善待和尊重他人。
>
> ——斯蒂芬妮·基尔琴斯坦（Stephanie Kilchenstein），
>
> 马里兰州塞西尔县的一名教学教练

控制情绪的第一个方法是认识到我们什么时候会做出情绪化的反应。如果我们能发现某个情境、话题、人或其他刺激可能会引发我们情绪化的反应，那么当我们感受到刺激或挑衅时，就能更好地控制我们的情绪。西比尔·埃文斯（Sybil Evans）和谢里·苏博·科恩（Sherry Suib Cohen）在《发火按钮》（*Hot Buttons*）中将这些触发因素称为发火按钮：

> 发火按钮是一种情绪触发器。当人们骂你，不回应你，拿走你认为属于你的东西，挑战你的能力，不尊重你，主动给你建议，不欣赏你，居高临下地对待你时，就会触动你的发火按钮。当有人触动你的某个发火按钮时，会让你变得有点疯狂。做这些事就能引爆你。并非所有的爆发都会很响亮，也许没有人能看出你被引爆了，但你内心的火山仍然在喷发。

有多少个人就会有多少种不同的发火按钮，有些事物会令一个人从椅子上跳起来大喊大叫，但对另一个人而言它可能就像夏天的凉风一样。触发点可能与我们的工作、家庭、信仰或生活中许多其他的重要因素有关。但重要的是，我们要在为时未晚之前认出它们。

许多参与我们研究的参与者写道，能够认出潜在的触发点有助于他们计划未来可能涉及困难情绪的沟通。例如，马里兰州塞西尔县的一名教学教练格蕾琴·布朗（Gretchen Brown）在她的反思表格上写道，她发现“在进入情绪状态前认出它们真的很有帮助。意识到这些情况并为此做好准备就已经成功了一半”。

“认出它”策略中一个重要但具有挑战性的部分是试着找出我们愤怒的根本原因。组织领导者常会使用一种被称为根本原因分析（Root Cause Analysis，RCA）的问题解决模型来确定组织内某个问题的真正原因，我们也可以用类似的方法来处理自己的情绪。RCA模型的目标是研究一种情况，直到确定问题存在的真正原因。当你意识到消除根源就能解决问题时，你会知道何时找到了问题的根本原因。

RCA模型涉及各种各样的方法，涉及领域远比我们思考是什么令我们感到生气时所面对的要广泛得多。还有一条更简单的策略，你也可能知道，那就是丰田汽车公司（Toyota Motor Company）首次使用的“5个为什么”分析法[①]。我们可以用“5个为什么”来回顾并分析我们面对的情况，直到找到愤怒的根本原因。“5个为什么”中的“5”并没有什么神奇的地方。你可以通过问更少的问题来找出根本原因，当然有时你也可能需要问更多的问题。

在我们的全球沟通研究中，志愿者会用“5个为什么”分析法来帮助他们更好地理解自己的愤怒。一位教育研究者写道，在其父亲被安置在养老院后，她的姐姐让她收养父亲的狗，于是她们发生了冲突。这位姐姐说她对狗过敏，尽管她自己养了两条狗。“5个为什么”分析法让这位研究者意识到，真正令她感到生气的不是姐姐提出的要求，而是她允许自己被姐姐操纵。她意识到，如果她能学会抵制这种操纵，她就不会再感到生气了。

一位校长写道，他感到很沮丧，因为地区领导没有认可他和他所在团队的工作。“5个为什么”分析法帮助他看清了，他之所以感到生气，不仅是因为他的团队没有得到应有的认可，还因为他觉得自己没有充分地为团

---

① 这个概念是由马修·梅（Matthew May）通过《优雅地解决：丰田革新之道》一书推广开来的。——作者注

队辩护。他意识到，如果他更积极地为团队成员争取权益，并让地区领导听到他的想法，他就不会再感到生气了。

本章开头描述的那位愤怒的父亲也可以用“5个为什么”分析法。他可以问自己：我为什么感到愤怒？我的儿子让我迟到了。为什么这会让我感到愤怒？我的儿子似乎不在乎他是否迟到了或他是否让我迟到了。为什么这会让我感到愤怒？他不听也不在乎我说什么。为什么这会让我感到愤怒？我觉得我原本可以做一个更好的父亲。为什么这会让我感到愤怒？我被工作压得喘不过气来，无法做我应该做的事，对此我感到很内疚。

“5个为什么”不会让他的儿子更快地洗完澡，至少一开始不会，但这条策略可以帮助这位父亲认识到，他的愤怒更多的是关于他自己，而不是他的儿子，认识到这一点或许可以让他转而采取不同的方法。也许他会建立一种习惯，让他有更多的时间和儿子进行更好的沟通。也许他还不知道自己将要做什么，但通过理解自己的情绪，他至少获得了一些安慰和控制感。不论如何，一旦这位父亲认出了根本原因，他至少有机会处理他的愤怒。

重新构建它

通常情况下，要控制情绪，我们唯一需要做的一件事就是认为此刻的情绪可以让我们成为更好的自己。此外，当我们提前识别出潜在的复杂情绪状况时，我们要制订一个进入沟通的计划，准备好控制自己的情绪。然而，正如格蕾琴·布朗所写的，遗憾的是，很多时候我们“没有发现充满情绪的局面即将到来，而且在意识到这一点之前，我们就发现自己陷入了艰难的沟通”。在那些时刻，我们需要学习如何重新构建彼此的互动，更好地控制我们的破坏性情绪。

如果我们想象一个简单的场景，我们就能理解重构的力量。想象一下，你正在开车，另一辆车冲过了停车标志线，差点撞到你，然后在马路上呼啸而过。你会有什么反应？你很有可能会忍不住做出一些愤怒的、不愉快的非语言表达。但如果你知道那辆车的驾驶者是一位丈夫，他正在开车送他怀孕的妻子去医院呢？那你就只会关心那对夫妇了。你甚至可能会想要帮助他们。你的愤怒就会消失。

这就是重构的力量，我们可以运用这种方法来帮助我们控制自己的情绪。为了做到这一点，当我们看到一个触发点时，我们就要意识到并且认出它，然后重新构建潜在的负面情形，使它成为一个我们可以控制的情况。相比让情绪控制住我们，不如重新构建我们面对的情形，“夺回权力”，使自己处于可控的状态。就像那位丈夫赶着送妻子去医院一样，重新构建有一个实际情况，那就是有时我们的新框架比旧框架更准确。当我们重新构建一场沟通时，我们就能打开自己，更好地理解对方，也就有机会控制自己的情绪。

你可以用几种方法重新构建一场有潜在危险的沟通，以保持对情绪的控制。

把自己想象成一名倾听者。重构沟通的一个简单方法是将自己定位为一名倾听者，并运用习惯2的策略，带着同理心倾听。当你把倾听沟通伙伴所说的每句话当成你的任务时，你可能会避免说出未来会后悔的话。此外，如果你在激动地告诉沟通伙伴你不同意的原因之前，决心认真倾听并真正理解他们，你可能会发现他们实际上同意你的观点。

我们研究的参与者分享了他们在将自己视为倾听者并重构具有挑战性

的交谈时所学到的东西。卡伦·泰勒（Karen Taylor）在她的反思表格上写道："决定做一名倾听者让我对说话者想说的东西有了更多的认识，所以当我真的说了什么时，它不是立即做出的反应，而且我对这个人说话的出发点有了更好的理解。"一位参与者写道："倾听是控制情绪的关键。重新表达对方的话，表明你在听。不要急于给出建议。有时他们只是需要表达一下，然后他们就会想出自己一直在寻找的答案。"

把自己想象成一名学习者。重新构建充满情绪的沟通的第二种方法是把自己想象成一名学习者。在某种程度上，这就是将自己视为一名专注的倾听者。当你以学习者的身份进行沟通时，你会问问题、倾听，并深入挖掘为什么对方会那样沮丧，而不会只是对沟通伙伴所说的话做出反应。你会把一场你必须说出自己观点的交谈重新构建为一场你决心找出沟通伙伴情绪来源的交谈。

安德莉亚·布鲁梅尔（Andrea Broomell）发现自己正在和丈夫进行一场充满情绪的交谈，于是她决定重构自己的方法，把自己想象成一名学习者。她和丈夫正在热烈讨论女儿的行为。当安德莉亚把自己想象成一名学习者时，她发现她和丈夫的想法其实是一样的。她写道："我意识到是他的同意让我对他感到沮丧！可怜的家伙！"

获得一次个人胜利。重新构建艰难沟通的另一种方法是将其重构为一场通过控制情绪而获胜的竞争或游戏。当人们攻击我们或糟糕地对待我们时，通常他们想要的是让我们生气。当我们没有反应时，我们就会让沟通失去平衡，让我们的情绪处于控制之下。斯蒂芬妮·基尔琴斯坦写道："我喜欢'重构步骤'带来的自由，因为即使别人在触动你的按钮，你也可以选择如何反应，我们可以对此进行控制。"她还写道："我一直努力记住，别人的看法是他们面对的现实，我试着用这种看法来帮助我保持客观的判断。”

去阳台待一会儿。世界顶级谈判专家威廉·尤里（William Ury）写到另一种控制情绪的策略：去阳台待一会儿。尤里在《无法说不》一书中写道：

> 去阳台待一会儿意味着让你远离自己的自然冲动和情绪……阳台是一种超然的精神态度的隐喻。站在阳台上，你可以冷静地评估这场冲突，就好像你是第三方一样。你可以为双方进行建设性的思考，寻找一种双方都能满意的方法来解决问题。

正如威廉·尤里所建议的那样，当我走到阳台上时，我真的会想象自己从空中俯看自己参与的交谈。这种心理技巧会帮助我感到自己脱离了当时的情绪。正如吉姆·贾斯蒂斯（Jim Justice）所写的：“让自己脱离当时的情绪是关键。消极的情绪会完全阻碍我理性思考充满压力的情况的能力。我必须记得要在交谈中意识到自己的目的，并按照这些目的行事。”

总之，在艰难的沟通中保持对情绪的控制的一个有效方法是重新构建互动，并将其视为一个倾听、学习、获得一次个人胜利，或脱离情绪的机会。

驯服它

> 我喜欢对自己负责。这是一项艰苦的工作，但值得努力。这个过程让我自己经历一切，分析情况，并改变方向，因为这是经过深思熟虑和规划的。我会寻求反馈，帮助我自己成长，同时建立人际关系。
>
> ——莉萨·贝纳姆（Lisa Benham），
>
> 加利福尼亚州弗雷斯诺市弗雷斯诺县教育局证书协调员

遗憾的是，重新构建沟通可能还不够，我们需要一整套策略来帮助我们持续控制情绪。一名研究志愿者在她的反思表格上写道：“当情绪失控时，沟通就不叫沟通了。那种互动就像是中世纪的比武，无论谁赢，所有参与者都会经历不必要的痛苦。”

我们控制情绪的一些方法是妈妈教给我们的，比如从1数到10，其他还有一些更复杂的方法。其中许多方法都是由哈佛谈判项目（Harvard Negotiation Project）的杰出思想家们首先提出的。

争取时间思考。根据威廉·尤里的说法，“在紧张的谈判中，争取时间思考的最简单的方法是暂停，什么都不说。当你感到愤怒时，做出回应对你没有什么好处”。只要慢慢地从1数到10就会起作用。即使是在交谈中短暂休息一下，比如去趟洗手间，也会有帮助。尤里建议我们“遵循《圣经》的格言：‘要快快地听、慢慢地说、慢慢地动怒’”。

凯蒂·库克（Katie Cook）发现，“争取时间”会帮助她“停下来并从不同的角度思考”。她写道，“给自己更多的时间去思考，而非很快就做出回应，会使情况有所不同”。另一名参与者把“去阳台上待一会儿”和“争取时间思考”结合了起来。她写道：“我已经学会跳出那个场域，做一名观察者，利用等待的时间从别人的角度考虑问题。”

争取时间的一部分内涵是选择合适的时间进行充满情绪的沟通。我们不应该在情绪满满的时候做出重要的决定。戴德丽·史密斯（Deidre Smith）写道：

> 我需要确保在我已经处于高度紧张状态时，我不会试图进行艰难的沟通。我现在认为，对我来说，最好是推迟可能充满情绪的沟通，直到我平静下来，有时间思考和反思。这将使我能够进入沟通，并持续地、更清楚地意识到这个话题可能引发的潜在破坏性情绪。

争取时间最简单的方法之一就是与我们的沟通伙伴确认，确保我们理解了他们所说的话。为了做到这一点，我们要告诉他们我们认为自己听到的他们所说的一切。威廉·尤里将这个方法称为倒带。他建议我们“通过倒带来放慢交谈的速度。‘让我确认一下我理解了你说的话’。”

我们研究中的其他人找到了其他争取时间的方法。例如，一位参与者写道，她“保持眼神交流，专注于自己的呼吸，以争取时间思考自己该对这种情况做出什么反应”。

打破恶性循环。有些沟通没有优雅退场的余地。当我想证明你错了，而你也想证明我错了时，我们可能会陷入一个恶性循环。如下图所示，我越积极地阐述我的观点，你就会越积极地捍卫你的观点，而且不容易退出。

沟通中的恶性循环

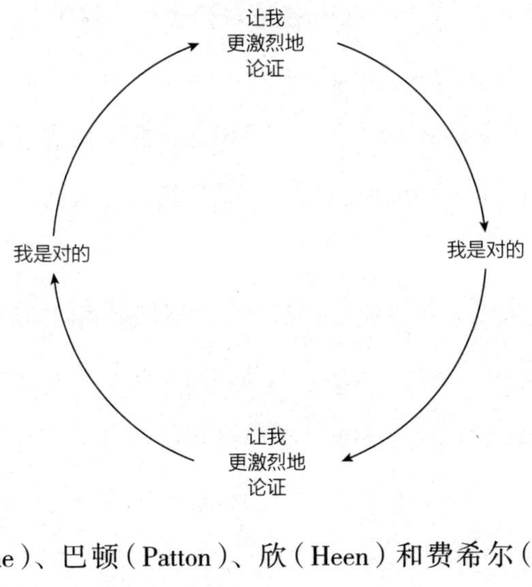

斯通（Stone）、巴顿（Patton）、欣（Heen）和费希尔（Fisher）把这些恶性循环描述为“发生了什么”的沟通，在这些沟通中“我们花费大量的时间……（争论）……我们关于谁是对的，什么意味着什么，该怪谁的不同想法”。如果我们发现自己处于这样的恶性循环式沟通，我们能做的最好的

事情就是通过引起人们的注意来让这个循环停下来。当发现自己领导的团队正走向一个恶性循环时，来自马里兰州塞西尔县的肖恩·约翰逊（Shawn Johnson）就使用了这种策略。肖恩说："遇到这个问题并非我的本意。与其变得更加沮丧，不如让我们共同努力找到解决方案。"

不做出假设。我在关于对话的那一章也提到过不做出假设，这也是一种控制情绪的有效方法。堂·米格尔·路易兹写道：

> 对别人的想法做出假设存在的问题是，我们会相信这些假设就是事实。我们可能会发誓它们是真的。我们对别人在做什么或在想什么做出假设……然后我们责怪他们并做出反应……我们做出了一个假设，我们误解了他们，把这个假设个人化，最终无端制造了一场大闹剧。

控制我们不做出假设说起来容易做起来难。埃米莉·彼得森（Emily Peterson）写道，她发现要"控制"自己不做出假设很有挑战性，当她这样做时，她必须"接受一种非常真实的可能性，那就是我可能和一个我不太喜欢的人有共同点！"。她补充道，"要做到真实和真诚，需要一些真正的技巧和努力"。

我们做出的假设会导致我们感到生气，但如果我们知道别人在想什么，可能更多地会感到同情而非愤怒。因此，检验我们的假设是否正确是很重要的。要做到这一点，最简单的方法就是提出问题。路易兹再次提出了一些建议：

> 要有勇气问问题，直到你问清楚为止，即使到那时，也不要认为你知道了关于某种情况的一切。当你听到答案时，你就不必做出假设，因为你将了解到真相。

总之，这三条策略（认出它，重新构建它，驯服它）是控制有害情绪的习惯的一部分，它们是一套任何人都可以用来尝试改进自己的策略。毫无疑问，在实施这些策略时，我们中的许多人都会像斯蒂芬妮·桑德罗克（Stephanie Sandrock）所写的那样，“我还在努力取得进步”。为了取得进步，我们只需要开始去做。要做到这一点，我们只需要确定如何才能做得更好，然后尽最大努力实施那些似乎最适合我们的策略。朱丽安娜·登普西（Juliana Dempsey）写道，在对交谈进行反思时，她能够创建一些“匣子[①]”，并准确地找出自己运用的技巧在哪里出了问题。针对本章设计的辅导反思表格是为了给每个人一个类似的机会，学习如何通过控制自己的有害情绪来进行更好的沟通。

用“回顾过去：控制有害的情绪”表格来分析过往的任何可能充满情绪的沟通，在这些沟通中，你或许控制住了自己的情绪，也或许没有控制住。这张表格的目的是帮助你认识到你做得好的地方，以及可以提高情绪控制能力的地方。用“观察现在：控制有害的情绪”的第一张表格以及“5个为什么”分析法来确定你愤怒的根本原因。不断地问自己为什么，直到你知道需要改变些什么，这样你就可以扑灭你的怒火。用“观察现在：控制有害的情绪”的第二张表格来更好地理解你的身体是如何对那些让你感受到强烈、消极情绪的提示物做出反应的。如果你是美国的进步派人士，你可能会看福克斯新闻（Fox News）。如果你是保守派人士，你可能会看美国微软–全国广播公司（MSNBC）。注意你身体的反应。你是否感到皮肤特别热，心跳加快，或者呼吸急促？通过了解自己的情绪，你就能更好地为之前可能会令你惊讶的情况做好准备。

---

① 原文用的是container。——译者注

用“展望未来：控制有害的情绪”表格来计划要如何运用“认出它，重新构建它，驯服它”的策略，在有可能引发情绪反应的沟通中控制住自己。

一位研究志愿者在他的表格里这样写道：

> 分析我经历过的情况有助于我对自己在创造戏剧性事件中所扮演的角色承担全部的责任。那种事件会令人感到很不舒服。我希望下次遇到类似的情况时，我能想到这三个策略——因为我一定会这样做的，因为我的生活中有我非常关心的人，因为沟通是困难的，而且情况具有挑战性，需要付出巨大的努力。

重新引导有害的沟通

> 这很难。当我试图停止有害的沟通时，我感觉自己像是在说教，而且有一种优越感。我知道人们只是在发泄，而且很容易说服自己这样做没有坏处。但我希望人们将他们所做的沟通视为更大图景中的一部分。目前，这些沟通似乎没有那么重要，但总体而言，坏处在增加。
>
> ——史黛西 · 科林斯（Stacie Collins），
>
> 新泽西州老塔彭北谷地区高中英语教师

控制我们的情绪以避免有害的情绪崩溃是更经常体验到更好的沟通的一种方法。然而，创造一个让更好的沟通可以蓬勃发展的环境也涉及塑造我们周围发生的沟通。正如凯根和莱西在《深度转变》中所写的那样，领导者应该做“一名塑造话语的语言领导者”，反对不尊重、不开放和不诚实的谈话，同时也将组织的部分文化延续下去。组织里的每个人都可以通过让有害的对话没有机会开始来创造一种更好的使对话可以蓬勃发展的环境。

我们应该控制沟通的观念（即便只是为了根除令人讨厌的言论）似乎与一条更好的沟通的信念相悖，即人们应该拥有很大的自主权，但在任何文明中，自主权都是有限的。自主权不能被用来为那些非人性化的话语开脱。不仅我们沟通的方式会展现出对他人的尊重，当我们在他人以非人性化的方式说话时重新引导他们也是在表达对他人的尊重。我们重新引导有害的沟通不是为了终结对话，或让与我们观点不同的人保持沉默。我们这样做是为了创造一个让更好的沟通会蓬勃发展的环境。为了做到这一点，有时我们必须站出来强调尊重，并在别人不尊重他人的时候纠正他们。

然而，纠正他人并不容易。埃米（Amy）是来自美国南部的一名教学教练。她差不多在上班的第一天就遭遇了一场有害的沟通。当她被鼓励写下自己重新引导有害沟通的经历时，埃米说她意识到“我应该做一名变革的推动者，而非有害沟通的推动者”，但她承认，当她不得不重新引导沟通时，她会觉得很困难。

作为新教学楼的一名新教练，埃米非常热衷于寻找支持教师的方法，她安排了与教职员的一对一会面。在最初进行的其中一次交谈中，当她听到一位教师说出的有害言论时，她感到茫然：

> 会面一开始，那位教师就在议论大楼里的其他教师。我们一直没有机会真正实现会面的目的，因为这位教师说有害的话语说了整整30分钟。

埃米写道：“很快我意识到要重新引导沟通的方向，但由于这是我第一年在新教学楼里辅导新教师，我进入了恐慌模式。我想成为一名好的倾听者，建立新的关系，但仿佛我只是在专注地听他说三道四。”埃米补充道：“当我读到那些关于有害沟通的章节时，我发现，虽然将近一年过去了，但今天我的感觉比那天还糟。”

我想让大家知道，像埃米经历的这种有害沟通是很罕见的，但每个写过有害沟通的研究参与者都能举出几个例子。许多这样的交谈都是在说别人的闲话和批评学校里的其他人，尤其会谈到工作量。可悲的是，有些沟通甚至更令人不安。在实验中，超过一半的志愿者报告说，他们与发表种族主义言论的人交谈过。参与项目的志愿者毫不费力就能找到一些有害的沟通来进行研究。

一些志愿者发现自己与家人也在进行有害的沟通。一位教练描述了许多人经历过的情况：

> 在结婚之前，有一次我和丈夫的家人在一起聊天，他们发表了带有浓厚种族主义色彩的言论。我感到震惊和措手不及，但由于我是这个家庭的“外来者”，除了拒绝评论，做任何事情我都会感觉不自在。

实验中的每位志愿者都认识到重新引导有害沟通的重要性。例如，史黛西·科林斯写道：“作为一名教练，重新引导有害的沟通非常重要。我职位的有效性取决于我有多值得信任。如果我参与这种类型的交谈，怎么会有人能真正信任我？”

然而，大多数志愿者也提到了这有多么困难。一位教练写道：“我需要有主见，从一开始就认出这些有害的交谈。这样，我可能就不会那么容易被卷入其中了。”帕蒂·桑基（Patty Sankey）写出了许多实验参与者的心声：“对我而言，重新引导新手教师很容易，但我肯定很难应付那些教学水平高超，但在职场环境中有害的教师。”

澳大利亚墨尔本的一位中学校长亚历克斯·格迪斯（Alex Geddes）这样和我说：“我认为很重要的一点是要强调这种沟通对教师工作和学校文化

可能带来的影响。作为一名中学领导者，我没有接受过太多培训，不过有人告诉我，控制有害和困难的沟通是我职责的一部分。为了有效地重新引导有害沟通，我们需要运用一系列策略，而且我们还必须能够自在地正确使用这些策略。让领导小组深入研究这个话题将产生强有力的影响——沟通应该是肯定性的，而且要进一步增强我们领导者持续以系统和自信的方式处理有害沟通的能力。”

重新引导有害的沟通是一项非常重要、复杂的任务，而且可能每种情况都是独特的。话虽如此，你还是可以运用一些简单的策略来防止有害的沟通毒害你的组织或家庭文化。这些策略是：(1)定义有害的沟通；(2)确定你的不可妥协之处；(3)在有害沟通开始之前进行阻止；(4)运用反应式转向；(5)保持沉默。下面我将对其中几个策略进行阐述。

定义有害的沟通

> 重新引导有害沟通的方向至关重要，因为当我们任其发展时，人们就会说一些覆水难收的话，那将影响长期的工作关系。当人们说出一些不尊重某些人尊严的话，而且他们会受到这场沟通的影响时，有害的言论就会产生更大的、更难以解决的问题。但是，重新引导有害沟通的方向很难，因为它们发生得很快，识别出它们并成功地选择适当的策略需要思考和实践。即使你不选择以一种有害的方式处理问题，当你实际上与问题有关时，也很容易陷入一场有害的沟通。
>
> ——特丝·科宁

有害的沟通是一些去人性化的言论，在这些言论中，人们会在某种程度上轻视别人，认为别人比较差，贬低或欺压别人。因此，种族主义、性别歧视、同性恋恐惧的言论或沟通显然是有害的。然而，贬低他人或给他人套上刻板印象的沟通也是有害的。说人闲话、谩骂或指责不会带来一个安全健康的情感环境。

我发现把有害言论区分为1级和2级会很有用。1级言论很少在公共场合发表，而且它们明显具有攻击性。种族主义、性别歧视、同性恋恐惧和亵渎神灵的言论是1级言论。一位公众人物可能会因为发表1级言论而被解约。

遗憾的是，正如我们的全球沟通研究显示的那样，1级有害言论通常是在私人场合说出来的。参与研究的志愿者报告说，人们在假期、在家里，甚至在学校开会时，会非常频繁地说出1级言论。一位教师描述了她的同事是如何将学生的成功与否归因于他们的种族，她写道："我立刻意识到，这是一场有害的沟通，因为他们说的话让我感受到了这一点。这些观点缺乏对人的尊重，很刻板，让坐在会议桌边的我感到不舒服。"值得称道的是，她立刻重新引导了沟通。

2级言论通常更模糊，但仍然具有破坏性。说别人的闲话是2级言论，责怪他人而非承担责任也是。抱怨和评判他人也可能是2级有害言论。通常情况下，2级有害言论特别难重新导向。史黛西·科林斯写道："在日常生活中，我没有听到过明显错误的言论（比如种族主义等）。更微妙的说闲话似乎无伤大雅，但却会慢慢破坏沟通。"

一些2级有害言论的问题在于，当人们听到诸如别人的闲话之类的东西时，他们通常会感到高兴。正如一位教练所写的那样，"听到闲话的一开始会感觉不对，但参与其中会让人感觉很好"。堂·米格尔·路易兹在《通往心灵自由之路》中对此进行了描述：

> 说别人的闲话已经成为人类社会的主要沟通方式。这已经成为我们与他

人拉近距离的方式，因为看到某个人和我们感觉一样糟糕，我们会感觉更好。

有句老话说“苦难喜欢别人的陪伴”，在地狱里受苦的人不会想独自一个人。

路易兹写道，他人的闲话就像感染系统的病毒或破坏文化的毒药。说别人闲话没有任何好处。它会让别人看轻说闲话的人，会滋生不诚实，将我们与他人隔离开来，而且往往会给说闲话的对象带来真正的痛苦。其他的2级有害言论同样具有破坏性。当人们把自己遇到的困难主观地归咎于他人时（教师责怪父母，教练责怪教师，校长责怪地区领导），他们就会给自己开脱，并发表贬低他人良好意图的评判性言论，对他人造成伤害。为了创造一个让更好的沟通能蓬勃发展的环境，所有的教育工作者都需要采取能阻止有害言论毒害环境的策略。

在有害沟通开始之前进行阻止

> 重新引导沟通很像教练在辅导中提出正确的问题。你会希望对方反思，同时不用说太多就能促进沟通。少即是多，所以至关重要的是要知道该提出什么正确的问题或运用什么正确的策略来重新引导有害的沟通。
>
> ——特丝·科宁

重新引导有害沟通的一种方法是确保它们不会发生。组织中的领导者可以通过建立和加强尊重且人道的规范来实现这一点。要使规范发挥作用，社群中的每个人都必须在发展中拥有发言权，并且同意规范是恰当的。如果规范被制作成了文本并作为一项既定协议分发给大家，它们将不会产生太大的影响。人们需要承认它们，它们才会发挥作用。

这些规范也需要得到执行和加强。在某种程度上，这意味着领导者需要言行一致，也意味着违反规范的行为要被团队成员（最好是每一位成员）

发现和劝阻。

当我第一次学习教学辅导时，我们的团队在同事迈克·霍克的指导下建立了团队规范。在创建这些规范时，我们团队的每个人都有发言权，而且我们不断进行完善，直到每个人都为我们创建的声明感到自豪。然后，我们把这些规范作为每次会议的评估工具。我们每个人都要在网上完成一份调查，评估我们表达尊重、保持诚实和提供支持的程度。然后，每次会议开始时，我们都会回顾之前的评估。通过这种方式，我们在脑海中记住了这些规范，我们每个人都在必要时进行调整，以确保我们的团队高效而积极。

反应式转向

> 有策略来改变有害的谈话是非常重要的，规范也是必要的，但即使是“尊重”这个词也不能定义什么是对他人的冒犯。团队中当然有礼仪或礼貌，但如果你不定义“什么是有害的对话”，这些很快就会被抛到脑后。
>
> ——鲁思·波格（Ruth Poage），
>
> 伊利诺伊州伍德斯托克的一位项目协调员

当我们重新引导一场沟通时，最好的方法是围绕话语，而非人展开。如果我们评判他人，我们就是认为自己更高一等，结果我们会大大限制自己未来与他人进行任何有意义沟通的能力。拒绝一个人，不给以后的沟通留下余地是一种速战速决的方法。当下我们让那些话语消失了，但我们没有真正解决那些话语背后的更根本的问题。

在《影子谈判》一书中，德博拉·科尔布（Deborah Kolb）和朱迪思·威廉斯（Judith Williams）提出了一种可以被用来重新引导沟通的策略——反应式转向。科尔布和威廉斯的书探讨了谈判，但他们这种“反应式转向”思想可以应用于有害的沟通。两位作者提出，反应式转向是你可以用来重新引导沟通方向的4个步骤，即打断、指出、纠正和转移。

步骤1：打断。如果我们觉得沟通需要停止，我们可以在任何时候打断交谈。正如科尔布和威廉斯所写的那样，“打断会阻止行动。打断可以防止你被一种与你自身方向不符的势头所席卷”。你可以通过暂停休息或离开房间（通常因为你意识到你不合拍了）来打断沟通。科尔布和威廉斯写道，打断是“一个如此重要的工具……（因为）……它让你有时间重新调整，并思考你可能不得不做出的其他回应”。

当鲁思·波格领导团队讨论时，她会通过打断来重新引导沟通。鲁思写道：“我没有回应刚才说的话，只是开启了另一个话题。我说了一些类似这样的话，‘让我们远离观点，回到事实和我们可以控制的事情上来’。一旦我们转向事实和行动，事情就会变得富有成效。不过，并不是信念被改变了，只是这些信念不被允许出现在会议桌上。”

步骤2：指出。当我们指出交谈中正在发生的事情时，我们就是表达出了消极的未说出口的意见。科尔布和威廉斯阐述道，当使用“指出”策略时，你是“让你的对手知道你完全知道正在发生什么，并且未受干扰”。通常，我们可以通过问一个简单的问题，尖锐地指出那些话语的消极影响，巧妙而清楚地指出另一个人的行为，例如“你不会真的认为如果一个男人和女人做同样的工作，这个男人应该得到更多的报酬吧？”。通常，当有害的言论被明确表达出来时，说话者会后悔说了这些话。

俄勒冈州比弗顿市的一名副校长米歇尔·哈里斯写道，她会用问题来指出有害的言论。米歇尔写道：“遇到这类问题，我往往会很激动，所以我认为深呼吸以及在工具箱里准备一些问题，可以说真的很有帮助。我通常会通过问一些具体的、开放式的问题，指出对方说过的话。我练习得越多，指出的次数越多，这件事就变得越容易，但我没能成功重新引导有害沟通的次数也多到数不清，做到这件事仍然很难，尤其是和家人在一起的时候。”

步骤3：纠正。当我们纠正已经说过的话时，就澄清了已表达的某些内容是不正确的。科尔布和威廉斯写道：“纠正转向不仅仅是简单的反对和否认，是通过详细阐述你表达的内容中什么是正确的以及为什么来恢复（沟通的）平衡。”我们可以通过发表声明、提出问题或参考外部来源（比如可信的互联网网站）来纠正已经说过的话，纠正“别人可能用来表明他/她不重视你或你的意见的行为”。米歇尔写道：“我通常会问问题，但有时如果情况非常糟糕，我会不得不发表声明。”

我们必须制止去人性化的评论。要知道如果在一个允许仇恨言论的社会里生存，那么我们不会蓬勃发展，但做到这件事并不容易。正如特丝·科宁所写的，“这件事情不容易做到。你真的需要了解成人学习者和你自己。为了做到自在地重新引导沟通，你需要进行大量的练习”。

步骤4：转移。我们可以通过简单地把沟通引到另一个方向来转移沟通话题。如果我们正在与某人交谈，他/她想说一些别人的闲话，那么我们可以就这样忽略这些闲话，转而谈论其他事情。在谈判沟通中，人们通常会将交谈从个人话题转移到实际的问题上。不过，大体上只是把交谈从一个有害的话题上转移开。在下面的例子中，我们没有说汤姆的闲话，而是转移话题，谈论汤姆的女儿，她刚刚获得了一所常春藤盟校的奖学金。这可能会是一段更好的沟通。

策略

德博拉·科尔布和朱迪思·威廉斯认为，我们可以通过运用他们称为“反应式转向”的沟通策略，转移交谈中的不健康话题，比如别人的闲话或其他形式的破坏性言论，从而塑造文化。我们可以用反应式转向的沟通策略来重新引导潜在的不健康沟通。下面列出了科尔布和威廉斯提出的4个反应式转向步骤，以及我的定义和一些例子：

步骤	它是什么？	例子
打断	在消极的沟通开始之前就终结它	“哦，糟了，我迟到了；我得走了。”
指出	描述发生了什么，让每个人都能看到	“我只是觉得，如果我们一直抱怨孩子，我们永远不会得出任何有用的结论。”
纠正	澄清不真实的陈述	“我参加了会议，史密斯先生实际上反对这项计划。”
转移	把话题转移到另一个方向	“说到汤姆，今年的篮球赛季什么时候开始？”

保持沉默

> 养成重新引导有害沟通的习惯不仅对我而言是一项艰巨的任务，对那些不习惯这种行为的人来说也是如此。我经常采取沉默的方式（我的母亲让我这么做）。然而，我发现我的沉默并不能阻止有害沟通的蔓延。我喜欢用话语和计划来引导我的沟通。
>
> ——帕蒂·桑基

虽然保持沉默似乎不是阻止有害沟通的一种有力方法，但战略性沉默可以像明确的声明一样清晰地传达信息。如果我们是团队的一员，而沟通发生了有害的转变，那么最好的方法可能就是不参与讨论。我们的拒绝参与（沉默）可以足够有力地表达我们的立场。

一些破坏性沟通（像是说别人闲话）的吸引力在于，那些与我们讨论这类话题的人会让我们感觉特别亲近，这就是为什么他们会与我们分享这些信息。他们可能会说：“我不会跟其他人说这件事，但你知道吗……？”然而，现实是，参与一个有害的话题并不能增进任何关系。当我们说别人闲话的时候，我们就表明了我们是两面派，无法总是值得信任。当我们在背后议论别人时，我们的沟通伙伴肯定会想："当我不在的时候，他都说了我什么？"

沉默可以清楚地表明我们不愿意说别人的闲话。几年前，我所在的团队花了太多的时间批评别人和说别人闲话。然而，团队中有一位成员从未参与过这些消极的讨论。团队成员表达了他们认为她是一位值得信任的女性，因为保持沉默，团队里的每个人都对她有很高的评价。

当我们面对有害的言论时，我们可能会做出很多反应。如果在我们公婆（或岳父岳母）的餐桌上，有人发表了种族主义言论，我们可以通过问一个问题来指出这种行为："你经历了一些什么，所以这么说？"或"你不会真的认为镇上的每个拉丁裔人都和你是敌对的吧？"或者你也可以选择保持沉默，稍后和你的配偶讨论一下这些言论。重要的是，你要认出哪种沟通是有害的，要养成总是以某种方式重新引导沟通方向的习惯，然后不断练习，直到你可以自信地站起来倡导对他人表达深度尊重的沟通。

学会更好地重新引导有害的沟通

> 我想我需要把这些策略写在纸上贴在显眼的地方，这样我就能注意到它们。我想如果我及时回顾这些策略，将有助于我记住其中的一些并在沟通中使用它们。
>
> ——贾森·劳里（Jason Lowrey），
>
> 威斯康星州密尔沃基市的一名研究生讲师

重新引导有害言论的第一步是明确你认为自己永远不应该容忍的话题。例如，你可能认为种族主义、性别歧视或同性恋恐惧的言论总是不可接受的。你可以用“展望未来：重新引导有害的沟通”表格来明确那些永远无法接受的沟通类型，并确定你将使用哪些策略来重新引导它们。接下来，你可以用“回顾过去：重新引导有害的沟通”表格分析你在这方面取得了多么有效的成果。

你可以用“回顾过去：重新引导有害的沟通”表格来认出你在哪方面做得很好，以及你可以如何改进重新引导有害沟通的方式。你可以用“观察现在：重新引导有害的沟通”表格来探索你对于在经历有害沟通时自己应该如何应对的信念。你可以用“展望未来：重新引导有害的沟通”表格来确定你需要重新引导的沟通以及你将使用的策略。

小　结

如果有害的情绪会导致我们采取适得其反的行动，就不会发生更好的沟通。如果有害的话语或话题被允许扎根，也不会发生更好的沟通。幸运的是，我们可以采取一些策略来控制情绪，重新引导破坏性的言论。

我们可以通过运用以下3个策略来控制情绪：

- **认出：**识别我们的按钮可能会被触动的情况，并找出我们产生破坏性情绪的根本原因。

- **重新构建：**通过采用一种新的理解框架来改变我们对拥有困难情绪的沟通的看待方式。把自己视为听众、学习者、胜利者或超脱的观察者。

- **驯服：**运用一些策略来控制我们的情绪，包括争取时间、倒带、打破恶性循环，或避免做出假设。

我们可以运用一些不同的策略来重新引导有害的沟通。其中一些最强大的策略是：

- 与团队成员**建立**可以随着时间的推移得到加强和推进的**规范**。
- **运用反应式转向**，特别是那些由科尔布和威廉斯总结的步骤，包括打断、指出、纠正和转移。
- **保持沉默**，特别是在我们感觉自己发表的言论无法让大家达到更好的沟通的情况下。

深入阅读

许多关于谈判主题的图书都为本章的观点提供了参考。特别是哈佛谈判项目的图书——尤其是罗杰·费希尔、威廉·尤里和布鲁斯·巴顿的《谈判力》；尤里的《无法说不》；斯通、巴顿、欣和费希尔的《艰难的沟通》（*Difficult Conversations*）；以及罗杰·费希尔和丹尼尔·夏皮罗（Daniel Shapiro）的《高情商谈判》——都提供了关于本章主题的很有价值的见解。罗杰·费希尔和他的同事们深深影响了我对人际交往的思考。

德博拉·科尔布和朱迪思·威廉斯的《影子谈判》并不像罗杰·费希尔的双赢谈判那样明显体现了伙伴关系法，但这本书就如何把沟通从有害话题上转移走提供了极好的建议。

堂·米格尔·路易兹的《通往心灵自由之路》是一本简单而充满智慧的书，许多人都把它视为一生中读过的最重要的一本书。路易兹的四个约定是：（1）三思而后言；（2）不要将事情个人化；（3）不做假设；（4）时刻全力以赴。这些观点都很简单，但如果人们普遍接受它们，它们将对我们的生活产生深远而积极的影响。

回 顾 过 去

控制有害的情绪

那次沟通的主题是什么？

你意识到了你的发火按钮将被触动吗？

○ 是的　　○ 没有

如果没有，将来你能做出什么样的调整来识别正在发生的事情会引发你的情绪反应？

你是否重新构建了沟通，从而保持对情绪的控制？

○ 是的　　○ 没有

如果是的，你做了什么？如果没有，在未来你能做些什么样的调整来重新构建沟通并保持对情绪的控制？

你运用了什么策略来控制你的情绪？将来你还想尝试什么别的策略吗？

下一次遇到艰难的对话时，你还能试着做些什么样的调整来保持对情绪的控制？

观 察 现 在

控制有害的情绪（1/2）

根本原因

用这张表格来探索为什么某些事情会导致你产生破坏性的情绪。

简要描述一次让你感到生气的经历。

为什么这会让你感到生气？

为什么这会让你感到生气？

为什么这会让你感到生气？

为什么这会让你感到生气？

你感到生气的根本原因是什么？

观 察 现 在

控制有害的情绪（2/2）

媒　体

用这张表格来更好地理解你的情绪。识别出一些通常会引起破坏性情绪的提示词。例如，如果你是一名进步主义者，你可以选择看一档非常保守的电视节目；如果你是一名保守主义者，你可以选择收听一个非常自由的广播节目。当你体验到提示词时，注意你的身体是如何反应的，你在想些什么，你的感觉如何。*

你注意到你的身体有什么反应？你是否感到皮肤特别热，心跳加快，或者呼吸急促？你注意到什么其他的身体反应吗？

你注意到自己的感受了吗？你是否感受到了愤怒、沮丧、困惑、无助、不知所措、悲伤或其他的情绪？

你注意到了你对提示词的什么其他反应吗？

* 如果你在锻炼的时候看这个节目，你可能会锻炼得比平时更充分。

展 望 未 来

控制有害的情绪

用这张表格来为一场可能会激发你产生破坏性情绪并采取行动的沟通做好准备。

发生什么会让你意识到自己被激起了情绪（感觉皮肤特别热，心跳加快，呼吸急促，思路不清，想要不加思考地做出反应，或者其他的什么）？

如果有必要，你将如何重新构建沟通（将自己视为倾听者、学习者、游戏玩家、超脱的观察者或采用其他的方式）？

你如何用同理心来更好地理解他人的观点，尤其是他们的情绪和需求？

你可以用什么策略来驯服自己的情绪（争取时间、倒带、打破恶性循环、平衡对话、避免做出假设等）？

你还能做些什么来控制破坏性的情绪？

回 顾 过 去

重新引导有害的沟通

用这张表格来思考一场沟通，看看你是否做到了重新引导这场沟通。

简要描述你所经历的沟通。

....
....
....
....
....
....

你过了多久意识到了你需要重新引导这场沟通?

....
....
....
....

你做了什么来重新引导沟通的方向（打断，指出，转移话题，或别的什么方法）?

....
....
....
....

你对沟通的结果满意吗?

....
....
....
....

下次遇到困难的沟通时，你是否应该做一些调整来更有效地进行再引导?

....
....
....
....
....
....

观察现在

重新引导有害的沟通

对你而言，重新引导有害的沟通有多重要？

对你而言，重新引导有害的沟通有多容易？

你是否记得你没能重新引导的一场有害的沟通？

如果记得，那场沟通是关于什么？

在未来，你能做些什么来更好地重新引导有害的沟通？

展 望 未 来

重新引导有害的沟通

在下方左边一栏列出你认为永远不可接受的言论类型（种族歧视、性别歧视、辱骂、同性恋恐惧、说别人的闲话、贬低、指责或其他）。

在每个话题旁边，写出你将用来重新引导沟通方向的策略（打断、指出、纠正、转移话题或其他）。

不可接受的主题	重新引导的策略

第9章

建立信任

如果不在学校所服务的各种各样的人群中构建、建立和维持信任，就无法成功地领导学校。有了信任，学校就更有可能从教师和员工的协作及富有成效的努力中受益，相应地为学生带来教育工作者渴望的结果。

——梅根 · 坦申恩-莫兰（ Megan Tschannen-Moran ）

如果没有教师的信任，你就无法成为一名有效的教练。他们需要看到你是一个支持他们的人。我的座右铭是“ 我首先是一名教师，我的工作是支持和激励教师成为学习者”。如果没有他们的信任和尊重，我就完不成这件事。

——坎达丝 · 霍尔（ Candace Hall ）

得克萨斯州理查森市的一名教学教练

构成信任的5个要素

1. 品格
2. 可靠性
3. 能力
4. 友好
5. 管家角色

几年来，我一直有写到用视频改进实践的力量。在堪萨斯辅导项目中，我和我的同事与来自俄勒冈州比弗顿市的教学教练一起现场试验了用微型摄像机（像智能手机）来改善教学的效果，他们每个人都与他们辅导的教师一起用摄像机做了试验。

当我向听众讲述比弗顿的教练的做法时，他们总是会问一个问题：“他们是如何让教师同意录像的？”听说这种辅导方法的人总是会担心他们学校的教师会不太愿意被录像。于是我问教练们：“你们是怎么让教师同意录像的？”他们的回答没有带给我多大的帮助，他们说道：“我们只是问了一下，教师们就同意了。”

然而，当我们继续聊下去时，他们就帮上大忙了。他们说：“教师们之所以同意，是因为他们信任我们。当人们拒绝录像时，问题不在于摄像机，而在于信任。如果人们不信任你，他们就不会想要被记录下来。”然后他们补充说道：“现实是，如果他们不信任你，反正也不太可能进行什么辅导。”

我和我的同事在进行我们所称的“卓越教练研究”（The Great Coach Study）

时得出了那些教练告诉我的结论。2009年，我和8位研究人员前往佛罗里达，了解卓越教练的特点。我们选择了一些区域，在这些区域中，教练产生了很大的影响，并且我们采访了这些区域中的教师、校长、教练和教练主管。我们的主要发现之一是，最好的辅导会在教师信任教练的时候发生。如果没有信任，教师就不会从教练那里学习到多少内容。

信任是学校中发生的许多美好事物的核心。当教师信任教练时，就会取得有意义的进步。当学生信任教师时，真正的学习才会发生。当每个人都信任校长时，学校就会成为成长的好地方。信任在我们的社群、家庭和最私人的关系中也是必不可少的。当信任存在时，就会诞生学习、快乐和爱。当信任不存在时，就会诞生谨慎、惰性和恐惧。信任就是那么重要。

我最先接触到的关于信任的一些描述是大卫·梅斯特（David Maister）、查理·格林（Charles Green）和罗伯特·加弗德（Robert Galford）的作品《值得信赖的顾问》中的信任等式。他们提出信任可以用一个简单的分数来表示：

$$信任=\frac{可信度+可靠度+亲近感}{自我导向}$$

与所有分数一样，分子越大，分数越大。因此，我们与他人的关系越可信，越可靠，越亲近，人们就会越信任我们。但是，我们越关注自己，人们就会越不信任我们。

作者写道，可信度“不仅仅指内容专业。它是内容专业加上‘呈现’，指我们如何看待、谈论我们的内容，并就其做出行动和反应”。我们必须了解自己的东西，别人也需要知道我们了解自己的东西。

作者写道，可靠度“是关于客户是否认为你是靠得住的，是否认为可以相信你的行为是始终如一的……可靠度是反复体验到的承诺与行动之间的关联度”。当我们可靠的时候，我们会说到做到，不会做出无法兑现的承诺。

作者写道，亲近感“是情感上的亲密程度……人们会信任那些愿意与自己谈论困难议程（亲密的言语），以及会表现出关心的人（低自我取向）”。亲近感可能是一个容易发散思维的词，因为它有很多不同的含义，但作者的观点是，当我们与人亲密时，我们会与他们分享自己的生活，他们也会与我们分享他们的生活。我们退缩得越少，信任就会越多。

根据梅斯特、格林和加弗德的说法，“顾问对他自己更感兴趣，而非试图为客户服务是更大的不信任的来源”。他们补充道：“自我导向不仅仅事关贪婪。它涵盖了任何让我们专注于自己而非客户的事情。”如果我们的交流都是关于我，你很有可能不会信任我。

还有许多人提供了理解信任的框架。梅根·坦申恩–莫兰在《信任很重要：领导成功的学校》（*Trust Matters: Leadership for Successful Schools*）一书中指出了信任的五个方面：（1）善意，“相信自己的幸福或他/她所关心的事情不会被他/她所信任的人伤害”；（2）诚实，相信“（某人）所作的陈述是真实的，符合‘真实发生的事情’”；（3）开放，即“人们通过分享信息、影响力和控制而使自己易受他人影响的过程”；（4）可靠度，“一个人可以始终依赖另一个人的感觉”；（5）能力，“根据适当的标准按预期完成任务的能力”。

史蒂芬·柯维在《信任的速度》[①]一书中列出了13种他认为对建立信任

① 中文简体版已由中国青年出版社出版。——编者注

至关重要的行为。虽然这份清单很长（有13种行为），但看完所有的行为后可以学到很多东西，所以我在下面把它们罗列了出来。

1. 直率交流，“就是行动的诚实……这意味着两件事：讲真话和留下真实的印象”。

2. 表达尊重，这涉及两个关键的方面，“首先表现出对人的基本尊重，其次表现出在意和关心”。

3. 公开透明，“就是保持开放。这是关于保持真实和真诚，并以一种人们可以验证的方式讲述真相”。

4. 匡救弥缝，“不仅仅是道歉，还关于做出补偿。这是在弥补和修复，是在采取行动，尽你所能改正错误”。

5. 显示忠诚，包括“两个方面：给予他人信任，以及谈论他人时就像他们在场一样”。

6. 取得成果，当人们“建立了结果的跟踪记录”时，便取得了成果。“完成正确的事情。主动采取行动。完成（他们）被雇用去做的事情。准时且在预算之内。不要过度承诺和履行不足。不要为没有完成任务找借口。”

7. 追求进步“是基于持续改进、学习和改变的原则……当人们把你看作一个不断学习、成长、更新的人……他们会对你取得成功的能力产生信心”。

8. 面对现实“是指直面困难的问题。它是关于既要分享好消息，也要分享坏消息，指出‘房间里的大象①’，解决‘神圣的奶牛②’，讨论‘不可讨论的事情’”。

9. 明确期望“就是要事先创建关于要做什么的共同愿景和协议”。

---

① 指某种巨大、因而不可能被忽视的真相。——译者注

② 指神圣不可侵犯的思想、机构、制度等。——译者注

10. 负起责任有两个关键方面。“第一是对自己负责；第二是对他人负责。”

11. 先听后说，这“不仅意味着要真正地倾听（真诚地试图理解另一个人的想法、感受、经历和观点），而且要先去做这件事（在你试图诊断、影响或提出建议之前）”。

12. 信守承诺是所有行为中的“大卡胡纳[①]”。这是在任何人际关系中建立信任的最快方法……（而）它的反面（打破或违背承诺）毫无疑问是破坏信任的最快方式……当你做出承诺时，你就构建了希望；当你遵守诺言时，你就建立了信任。

13. 传递信任“在性质上不同于其他的行为。这是关于把名词的‘信任’转变为动词的‘信任’……这种行为创造了互惠；当你信任别人时，别人也会反过来信任你”。

海蒂·格兰特·霍尔沃森在《给人好印象的秘诀》一书中提出了关于信任的另一种观点。她阐述道，

首先，我们的信任体验根植于人类遥远的过去，确定另一种生物是否会对自己造成伤害是每天的首要任务。在现代，我们更少担心自己的人身安全（尽管我们仍然会担心），更多的是担心新认识的人是否值得信任。

因此，霍尔沃森写道，当人们考虑是否可以信任某人时，他们会对基本的问题感兴趣。研究表明，为了弄清楚你是否值得信任，他人会分析你的言行，以找到以下两个问题的答案：

1. 你对我是善意的吗？你是朋友还是敌人？

2. 你有用行动表达那些意图的能力吗？

① 卡胡纳：是一个夏威夷词汇，是当地对工匠、专家、僧侣、药师、教师以及其他智者的总称。——译者注

通过让全球沟通研究的参与者回忆看过的图书、电视节目或电影，并找出值得信任和不值得信任的角色的特征，我获得了看待信任的另一个视角。志愿者们没有令人失望。他们写到了各种各样的电影或电视剧，比如《白宫风云》(*The West Wing*)、《妈妈咪呀》(*Momma Mia*)、《情妇》(*The Mistresses*)、《灵异妙探》(*Psych*)、《FX》(*FX*)、《奥斯汀与艾丽》(*Austin & Ally*)和《迷失》(*Lost*)。其他人则想到了一些书，像是《棚屋》(*The Shack*)和《杀死一只知更鸟》(*To Kill a Mockingbird*)。每位志愿者都填写了本章末尾的“观察现在：建立信任”表格。我在下面的表格中列出了他们所写内容的摘要。你和同事还可以通过填写表格来分析信任度。

值得信任的特征	不值得信任的特征
• 忠诚	• 不忠诚
• 犯错时能够承认错误	• 犯错时无法承认错误
• 承认自己做的事；负责任	• 指责；无法承认自己做的事，不负责任
• 讲真话，甚至不惜个人代价	• 隐藏真相，撒谎
• 关注他人	• 关注自己和自怜
• 思想开放	• 思想封闭
• 善于倾听	• 不善于倾听
• 总是怀有同情心	• 缺乏同情心
• 展现出诚信；以身作则	• 无论是言语上还是行动上都缺乏诚信
• 友好	• 友好是为了得到某样东西；否则通常不友好
• 诚实、真诚、透明	• 不诚实、天真、狡猾、鬼鬼祟祟
• 拒绝操纵他人	• 操纵他人
• 不说别人的闲话	• 说别人的闲话
• 给予者，慷慨大方，不附带任何条件	• 接受者
• 尊重他人	• 专横
• 专注于解决问题	• 专注于问题
• 不抱怨	• 抱怨
• 不评判	• 评判
• 拥有很多良好、长期的友谊	• 缺乏良好、长期的友谊
• 公正、透明	• 欺骗人
• 不怕表现出脆弱	• 从不表现出脆弱

（续表）

值得信任的特征	不值得信任的特征
● 避免迟到	● 不重视别人的时间
● 明确、扎实地付出努力	● 付出最少的努力
● 不追求荣誉	● 追求荣誉
● 轻松地看待自己	● 无法自嘲
● 适当地利用愤怒	● 全力发泄愤怒
● 展现开放、诚实的面貌	● 展现出封闭的态度
● 具有同理心	● 缺乏同理心
● 保护他人的尊严和人格	● 对保护他人的尊严和人格漠不关心
● 鼓励	● 不鼓励
● 一直有礼貌	● 不礼貌——除非他们想要什么或者想掩饰什么
● 没有隐藏的计划	● 有隐藏的计划
● 允许他人做出选择	● 控制
● 可靠	● 不可靠
● 维护他人的尊严	● 取笑别人
● 说话得体，不是交谈中声音最大的人	● 说得太多，声音太大
● 犯错时愿意承认错误	● 犯错时不愿意承认错误
● 诚实地表达	● 表里不一
● 有真材实料	● 虚有其表
● 确保人们有所准备	● 喜欢给别人惊喜，让他们为难
● 不玩游戏	● 玩游戏
● 坦率但不苛刻，得体，有风度	● 苛刻、不得体、没有风度
● 表达清晰	● 表达含糊
● 团结他人	● 团结他人以达到自己的目的

信任是至关重要的。霍尔沃森在回顾文献后得出结论："展现可信度的好处（以及不这样做的代价）是巨大的。"而坦申恩-莫兰在一次关于"沟通时所发生的事"的采访中表示，在安大略省教育部的一份出版物中，信任"是教育研究人员发现的少数几个比社会经济地位更能预测学生成就的变量之一"。同时，信任既是一个非常复杂的概念，也是一个非常简单的概念。它是复杂的，因为正如上面引用的各位作者所表明的那样，我们可以用很多种方式来描述信任。但信任也很简单，因为通常当我们听到别人说"我

就是不相信他”时，我们非常清楚地了解他们想表达的意思。

信任的要素

基于文献回顾、我与来自六大洲的教育工作者的合作经验，以及我们研究中志愿者的反馈，我确定了信任的五个要素：品格、可靠性、能力、友好和管家角色。下面我将分别介绍这些要素。

品格

> 你唯一拥有的就是你的名声。让它变得有价值。
>
> ——萨拉·阿圭勒（Sarah Aguilar），
>
> 威斯康星州基诺沙市一名教学教练

如果我们想要被信任，我们需要成为有品格的人，以他人认为合乎道德的方式生活。如果你的行为不值得信任，你就不能指望别人信任你。这似乎是显而易见的，但必须说出来。如果你撒谎或欺骗，你最终会被逮住，而当你被逮住时，信任就会被摧毁，有时受到的破坏会如此严重，以至于你永远都无法修复。建立信任的第一步就是做一个有道德的人。

正如海蒂·格兰特·霍尔沃森所写的，诚实和有道德的行为对于建立信任如此重要是因为，当我们考虑是否应该信任某人时，我们马上会想到他们是否把我们的最大利益放在心上。霍尔沃森写道：“我们会想知道其他人是否会对我们构成威胁——对我们的人际关系、事业、我们整体的幸福和福祉。我们会想知道，你是否会给我带来麻烦？”正如一名研究参与者更直接地说的那样：“我会想知道他们是否会欺负我。”

当我们知道别人希望我们成功，并且对我们没有恶意时，我们会信任他们。亨利·克劳德（Henry Cloud）在《正直：满足现实要求的勇气》（*Integrity: The Courage to Meet the Demands of Reality*）一书中描述了我们大多数人会认为值得信任的那种人：

> 真正的信任来自当我们意识到他人的善良和为我的最大利益考虑不依赖于任何事物。这只是来源于那个人的诚实正直。那个人就是这样的人，会希望别人获得对他们而言最好的，并会尽其所能实现这个目标。那么，就没有什么好害怕的了。如果我搞砸了，你会在我的身边。

得克萨斯州理查森市的一名教学教练萨拉·潘科尼恩（Sarah Pankonien）在其反思表格中这样写道：

> 我的优点之一是诚实可信。在过去的几年里，我经历了13次搬家、离婚、生孩子、再婚和两位家庭成员的去世，这些经历让我真正地重新评估了自己。正是我克服的这些障碍帮助我以一种不评判和诚实的方式与他人产生共鸣。说出我的过去并非心甘情愿，但当我和别人进行艰难的交谈时，他们会由此真正看到我的诚实，从而建立对我的信任。

诚实是信任的关键，因为一旦我意识到你不诚实，我和你在一起就不可能安全了。此外，当人们选择不诚实时，他们几乎总是在选择一些对他们而言比对别人而言更好的东西。人们撒谎是为了得到一些敞开心扉可能得不到的东西。我们研究的参与者认为诚实是建立信任的关键部分。有一位教学教练代表许多参与者说道："我最引以为豪的一件事就是我的诚实。我说的话并不总是漂亮的，但是事实。人们可能不喜欢我说的话，但他们会欣赏它来自一个并非怀有恶意或攻击性的人。没有什么事情比被告知你很了不起，却发现你很普通更糟糕的了。"

当然，不诚实有很多方面。善意的小谎言也是谎言。奉承是不诚实的一种形式（通常是为了从某人那里得到什么）。隐瞒信息和说别人的闲话也是不诚实的形式。当人们说别人闲话时，他们的行为表明，他们在一个人面前说的话与在其他人面前说的不同。爱说别人闲话的人是两面三刀的，也就是说，不值得信任的，正如教学教练萨拉·阿圭勒所写的，“我不会信任一个告诉我所有近期八卦的人”。

展示品格的一种方法是保持透明。梅根·坦申恩–莫兰写道，开放（她用来描述透明的词）“意味着表露事实、选择、意图、判断和感受”。正如卡罗尔·麦克布鲁姆在她的反思表格上所写的，“我不想让人们怀疑我的真实想法或我可能有什么隐藏的计划。我希望我们的沟通能让双方都感到舒服，而且感受到自己被倾听”。亨利·克劳德写道，透明度是有效领导者的一个特征，它有两个方面。

> 他们是透明的，因为他们让人们知道了他们所处的现实和情况。我们最终只能信任那些对我们真诚的人。但透明度不仅指透明地展示事实，还有透明地展示他们自己。我们需要看到他们的弱点，以及他们对事物的感受。我们还需要了解他们的失败，以及他们什么时候做得不对。这有助于我们理解他们。

如果我们对别人隐瞒了信息，他们就会不愿意相信我们，可能会想知道我们在隐瞒什么。为了产生信任，我们需要尽最大努力做到透明。在某些情况下，我们当然需要保留隐私，比如我们是否是招聘委员会的成员。但总的来说，我们越开放，人们就会越信任我们。

品格的其他方面也会建立信任，其中的许多方面在本章的其他特征中都有描述。其中最重要的是可靠性。

可靠性

对少数人超级可靠总比对很多人半可靠要好。

——林赛·迈耶斯（Lindsey Meyers），

得克萨斯州理查森市的一名教学教练

可靠性也是值得信任的一个基本特征。不论我们的角色是什么，如果想让人们信任我们，我们就必须谨慎地说到做到并信守承诺。萨拉·阿圭勒这样描述道："可靠性至关重要。如果你说你会在那里，就要在那里。让一名教师与你分享教室的控制权需要付出很大的努力，如果你已经跨进了教室的门，就要尽你所能让这扇门打开着。"

梅斯特、格林和加弗德将可靠性确定为建立信任的三个关键积极因素之一，他们写道，可靠性"是关于客户是否认为你是可靠的，是否信任你的行事会前后一致……它有一个明确的行动取向。它把语言和行为、意图和行动联系了起来"。坦申恩-莫兰描述了可靠性在学校中的重要性：

> 一个人始终可以依靠另一个人的感觉是信任的一个重要元素。教师们可能会认为他们的校长是一个很好的人，如果他们能引起他/她的注意，他们甚至会认为他/她很有能力和乐于助人。但是，如果过度承诺，难以实现工作的时间要求，或容易分心，这意味着教师无法指望校长在他们需要时为他们解决问题，这段关系中就不会有充分的信任。

提高可靠性的一种方法是注意不要承诺太多。对于许多教育工作者而言，为了推动学校的进步，他们很容易同意任何事情。尽管初衷是好的，但这是一种暗藏危险的做法。做出承诺却没有按时兑现，这比解释你可能需要一两个星期才能提供所需的东西更会破坏一段关系。更好的做法是少承诺，多兑现。

我们努力变得可靠的一个主要原因是我们在有限的时间里承担了太多的任务。我们可能会忙着做每一件事，结果却只有很少几件事能做好。我们研究中的许多志愿者报告说，他们的经历与萨拉·潘科尼恩在她的反思表格上所写的很像：

> 去年，我试图扮演所有的角色——专家、课堂教师、评估小组成员等。我忙得团团转。我正在成为一个万事通，但什么都不精通。今年我不得不放下一些事情。关注教学和校园里的教师将是我的首要任务。为了我们的学生、教师同事和我自己，我必须集中精力完成任务。

为了找到时间，让自己变得可靠，我们需要有意识地利用我们的时间。对大多数人而言，这并不意味着我们需要购买一张新的计划表或一个新的应用程序来“更好地管理我们的生活”。大多数人会看日历，发现根本没有空闲时间去做他们想做的事情。为了变得更可靠，我们需要找到更多的时间，要么削减我们所做的部分工作，例如退出委员会或其他花费大量时间的活动，要么建立界限，例如，教练可以限制一周内与他们一起工作的教师数量。

另一种变得更可靠的方法是采用组织仪式。组织仪式是在生活中建立的一些小惯例，可以帮助你变得更可靠。例如，一位校长可能会在每天一早留出时间来确定当天她必须执行的最重要的任务。类似地，一位教师可能会在每周结束时回顾学生名单，考虑她需要做些什么来鼓励或支持每个学生的学习。

卡罗尔·范彻（Carol Fancher）写道，她不得不使用很多工具来确保她是可靠的：“为了做好我的工作，我不得不学习一些组织技巧，我开始使用谷歌日历，它会每天提醒我当天的重要事件和简单任务。”人们会希望他们可以指望你完成你所说的事情。然而，他们也会希望你兑现承诺。为了做到这一点，你必须拥有必要的技能来帮助人们（孩子或教师）实现他们的目标。要做到这一点，你必须有能力。

能力

最近，我搬进了校园里的一间新办公室，整理行李时，我把一张海报挂到了墙上，上面写着埃莉诺·罗斯福（Eleanor Roosevelt）的名言：“大智论道，中智论事，小智论人。”挂这张海报是为了不断提醒我自己，思考我所说的话以及我参与的沟通。我不想因为显得缺乏品格或不可靠而令别人远离我。

——艾莉森·迪蒂（Alison Duty），
得克萨斯州理查森市的一名教学教练

对我而言，有能力意味着说到做到。如果你要求同事做什么，那么自己也要准备好去做这件事，并且知道如何演示给他人看。光说不做不会带来成功的辅导关系，也肯定无法建立信任。

——萨拉·阿圭勒，威斯康星州基诺沙市的一名教学教练

增强信任的另一个因素是能力。我们会信任那些知道自己在说什么并且能够兑现承诺的人。学生会更倾向于信任那些为他们提供取得成功所需的指导和反馈的教师。例如，当教学教练可以帮助教师实现目标并辅导更多学生时，教师会更倾向于信任他们。如果校长想要与教师围绕教学框架进行有用的沟通，就需要对这个框架有深刻的理解。海蒂·格兰特·霍尔

沃森阐述道，友好（本章稍后将介绍）和能力都是信任的基本要素：

几十年来的研究表明，（人们）从一开始就会高度关注你性格中的两个方面——友好和能力。你的友好（友善、忠诚、同理心）会被视为你对对方怀有善意的证据。你的能力（智力、技能、有效性）被视为如果你想就可以按照自己的意图行事的证据。因此，有能力的人要么是宝贵的盟友，要么是强大的敌人。能力较差的人是同情或鄙视的对象——如果我们想到他们的话。

梅根·坦申恩-莫兰有同样的发现，而且她引用了其他支持她发现的研究。“善意和良好的意图并不总是足以获得他人的信任。当一个人依靠他人的技能和能力行事时，即使这个人的意图是好的，也可能不被信任。”

不同的职业所需的能力是不同的。有能力的教学教练对他们共享的教学策略有深刻的了解，他们可以精确地描述它们，或许会通过使用检查表。他们需要深入学习他们都要完成的实践，一遍又一遍地阅读手册、图书和文章，并发展和完善描述他们所做事情的清单。教师会理解和运用有效的教学策略，而且他们知道这些策略的影响。管理者对他们使用和共享的工具有深刻的理解。例如，如果他们用一个框架来评估教学，他们就需要确定他们的观察是可靠的。如果他们的学校正在实施阅读计划，他们就需要彻底了解这个计划。

为了提升自己，教育工作者应该用教练、视频和其他支持手段来掌握他们需要的技能和知识，获得父母、学生和同事的信任。在我们的研究中，许多志愿者都能准确地指出他们需要提升自己，变得更有能力的地方。例如，一位教学教练写道：“我发现关于建立信任，我需要在一个方面做得更好，那就是丰富我的数学教学知识。我当教练已经一年了，还有很长的路要走。”

能力的一个组成部分是展现出你的能力。根据我的经验，做到这一点最重要的方法是带着尊重、充满自信地向前迈进。如果我们不断地让人们注意到我们不懂什么，他们就会觉得我们知识匮乏。我不认为我们应该欺骗他人，我们不应该不懂装懂，但也不应该表现得过于犹豫不决。

想象一下，一位有天赋的年轻钢琴家每次弹错都会停下来说“哎呀”。对她而言，更好的策略是在不引起注意的情况下弥补失误。这样我们大多数人就不会注意到她的个别失误，会更享受表演。同样地，我认为我们可以通过弥补自己犯的错误来展现自信，并继续前进。

海蒂·格兰特·霍尔沃森就如何展现能力给出了许多建议。我们应该进行眼神交流。我们应该证明我们有意志力。我们应该以谦逊的态度来平衡对自身经验和技能的表达。我们永远不应该自我防卫。毫无疑问，这些策略会让我们看起来更有能力，但我认为最好的策略是利用我们拥有的所有支持来做好我们所做的事。为了让自己看起来真的很有能力，我们需要掌握能力。

最后，能力的一个重要部分是可信。校长、教练、员工发展者和教育研究者保持可信的一个重要方法是花时间教授运用共享教学策略的课程。这最常涉及合作教学或建模课程。领导者距离教室越近，他们就越会有能力、越可信。

另一种保持可信和有能力的方式是领导者身体力行。如果校长认为教师应该用视频来改善他们的实践，那么校长也应该这样做。如果教师希望学生及时交作业，那么他们就应该及时归还作业。知道身处别人的位置会是什么样子会证明我们是可信的。当我们清楚地理解他人的观点时，我们就会更有可信度。如果人们认为我们可信，他们就更有可能信任我们。

友　好

> 我认为友好不仅仅会令人成为一名有效的沟通者和值得信任的人。就像一名教学有效的教师会对学生课外的生活很感兴趣一样，教练可以通过简单地询问教师的周末过得怎么样，生日派对开得怎么样，孩子们过得怎么样等问题来展现友好。这会向教师展现教练的友好和同情，有助于建立信任。
>
> ——克雷格 · 维希涅夫斯基（Craig Wisniewski），
>
> 康涅狄格州纽因顿公立学校教学教练

当我们和一个人在一起时感到安全，当他们不会威胁我们时，我们才会信任他们。因此，我们更倾向于信任善良的人。一个威胁我们的暴躁的男人或女人不太可能让我们产生信任。这一点很重要，因为当我们决定是否信任某人时，我们通常不会意识到自己在做这个决定。霍尔沃森写道：

> 信任的决定几乎完全是在无意识中做出的，这取决于你表现出的友好和能力。友好是一个信号，表明你对对方有良好的意图；能力表明你能够按照这些意图行事。

得克萨斯州理查森市的一名教学教练卡罗尔 · 麦克布鲁姆在其反思表格中这样写道：

> 我信任的一个人是我的父亲，我知道他总是希望我和他遇到的所有人都能获得对我们而言最好的。他是个言行一致的人。他不害怕进行艰难的沟通（这是建立信任的需要），但他总是以一种关心的态度说话。最重要的是，他在与他人的互动中表现出了他对对方的积极预设。这使他能够关注他们的长处，并产生积极的互动。

我们知道，当一个人把我们的最大利益放在心上时，即他们真正关心我们的幸福时，我们可以信任他。如果我们把本书中的许多习惯和信念铭记在心并付诸实践，就会向他人展现我们真的关心他们。当我们倾听并表现出同理心时，当我们真的想听别人说什么的时候，我们就表明了我们关心他们。在我们的研究中，当志愿者描述他们信任的人时，他们常会提到这些人会倾听他们，关心他们。例如，萨拉·潘科尼恩写道：

> 我完全信任的人是我的祖母。我可以对她倾诉任何事情，她会先倾听，然后再讲话。这总让我感觉她曾与我处境相同，即便她没有，她也会肯定我的担忧。她的同理心和爱是无条件的，她总是会为我腾出时间。

潘科尼恩在上面提到的“肯定”是人们展现友好的另一种方式。当别人看到我们的优点时，尤其是当他们看到我们自己看不到的优点时，我们会信任他们。我们通过告诉他人我们相信他们是好人，他们是有价值的人来肯定他们。

肯定的反面是评判，我在本书的许多地方都进行过讨论。许多参与这项研究的志愿者报告说，他们知道他们必须停止评判他人。评判存在的问题是，当我们评判他人时，我们会切断任何建立亲密关系的机会，这会让人们更不容易信任我们，因为评判会让我们显得比被评判者要更好。这并不是指我们不应该收集数据或进行评估，但评判并非普通的数据收集或评估，而是我们在观察后直接或间接地对某人的性格或能力做出的负面评价。

“成为好事的见证者”的习惯是一种肯定他人的有力方式。这并不是指我们要隐瞒真相，只是说当我们注意到某些事情进展顺利时，我们会以一种不评判的方式提起它。成为好事的见证者通常对好事的分享者也是有益的。洛乌·桑达尔写道：“见证好事很有趣，我喜欢分享或发布我看到的人们所做的好事。”同样地，坎达丝·霍尔写道：“人际关系是正在进行的工作，会有点像过山车。你会庆祝积极和消极的事情。这是教学教练工作的重要组成部分。”

人们展现友好的最后一种方式是通过表现脆弱。正如坎达丝·霍尔在反思表格上所写的那样，许多志愿者说道：“没有完美的人，维系人际关系是一件艰难的事情，有时你必须表现脆弱。”通过表现脆弱，我们会让自己变得平易近人，并展现出我们和其他人是一样的。脆弱会产生亲密感，梅斯特、格林和加弗德认为脆弱是信任必不可少的要素之一。他们写道，亲密关系“会被情绪上的诚实所驱动，这是一种愿意扩大可接受话题范围的意愿，同时保持相互尊重，并尊重彼此的界限”。

管家角色

当我们扮演管家的角色时，我们是通过将他人的利益置于自己的利益之上来培养信任。我是在彼得·布洛克的《管理宝典：服务至上》中了解到管家的概念的。在这本书中，管家角色有许多含义，但其中一个概念是“管家工作是为他人保管某物……当我们培养下一代自我管理的能力时，最有力地（选择）服务而非个人利益”。布洛克写道，管家角色的“潜在价值”是关于“加深我们对服务的承诺”。

在很大程度上，我们可以通过不以自我为中心来展现自己的管家能力。因此，我们必须确保沟通不是“完全围绕着我”，而是围绕沟通中的每个人。我们需要多听少说，监控我们的想法和交流，这样我们就不会让自己的想法主导沟通。花时间真正地倾听是我们所能做的最尊重他人的事情之一。

远离自我关注还能确保我们的行动和担忧是关于别人而非自己。因此，举例来说，教练应该抓住每一个机会，在取得成功时把功劳归功于他人，或者以类似的方式承担责任，而非让他人受到指责。我们研究中的一名参与者写下了她被表扬时的感受："给予表扬引起了我的共鸣。我注意到新学校的管理团队成员在公开场合和私下里都对我表示赞赏和感谢。当别人告诉我，我做出的贡献很重要时，我感到受到重视，充满活力。"

得克萨斯州理查森市的一名教学教练卡罗尔·范彻在其反思表格中这样写道：

> 我爱我的工作和我的学校——因为我们的教师团队。我们的关系非常密切。几年前我发现，教师们常常需要一个可以依靠的肩膀，或者一个可以倾诉的人。他们知道我的大门永远为他们敞开，永远欢迎他们。有时表现得脆弱或透明对我来说很难，我经历过几次家庭斗争，但我觉得不能假装什么也没有发生过，当我向大家公开这些事情的时候，我获得了温暖的话语和支持。我们都是脆弱的人。

此外，我们应该真诚地表达对学生、教师、管理者和学校里其他人的关心，因为这不是"只关于我"，一切都是为了孩子。有效的教育工作者会认识到他们工作中所固有的道德目的，他们会受到一种愿望的驱使，即看到他们的学生成长，学校进步，学生取得成就。当我们看到别人扮演管家的角色时，我们更有可能信任他们。

我们通过真诚地表达对学生、教师和管理者的关心来展示管家的能力。最重要的是，当我们扮演管家的角色时，我们真的要把他人的利益放在自己的利益之前，或者至少认为两者一样重要。卡罗尔·范彻在描述她在得克萨斯州理查森市担任教学教练的工作时，漂亮地进行了总结：

我真的很佩服我们的教师和他们表演的魔法。在担任教学专员的第一年，我走进了他们的许多教室，他们进行的所有精彩的教学令我感到惊叹。我为自己确立了一个使命，即把这些想法传递给教师和管理者，这样我们就可以互相学习。我的角色是提供支持——我从未想要成为聚光灯下的焦点。这不是我的性格。能够帮助他人会让我得到最大的快乐。

信任：整合所有

没有信任，就很难进行更好的沟通。当人们在沟通中相互信任时，他们会毫不畏惧地公开分享自己的想法。当人们彼此不信任时，沟通可能会谨慎、空洞，甚至令人沮丧和缺失人性。我听到不止一个人说过，信任就像我们呼吸的空气。我们不会注意到它的存在，但当它消失时，一切都停止了。

建立信任最有力的方法之一就是采用和应用更好的沟通的信念与习惯。如果我们相信平等、自主、不评判，相信其他人都值得被倾听，我们就会建立更多的信任。当我们倾听他人，寻找共同点，建立联系，重新引导我们的有害情绪，并展现出同理心时，我们也会建立信任。每一种习惯或信念都会强化其他的习惯或信念。同理心会帮助我们成为更好的倾听者，当我们倾听他人时，我们会与他人联系并发现彼此的共同点。

这些都是不小的改变。举例来说，要成为一名更好的倾听者，我们需要做大量的计划和练习，但我们可以变得更好。许多研究志愿者报告的经历证明了这一点，你的经历也可以向你证明这一点。

学会更好地沟通是非常重要的工作。当我们的沟通得到改善时，我们在工作、社群和家庭中的表现也会得到改善。我们会拥有更大的影响力，成为更合格的父母，我们甚至可以成为更好的配偶。我们不可能一下子学会所有的习惯和信念，但通过反复阅读这本书，运用视频工具，进行反思和实践，我们就可以真正地、显著地提高我们的生活质量，甚至我们周围人的生活质量。我会努力改进我的沟通，希望你们也一样。当我们一起行动起来时，我们会让这个世界成为一个更美好的沟通之地。

学会更好地建立信任

为了更好地建立信任，我们需要明确信任的含义，确定我们的优势，并制订计划在我们的目标领域进行改进。下面列出的表格是为了帮助你反思和成长。

“回顾过去：建立信任”表格旨在帮助你思考生活中的信任问题，你可以写下你认识的值得信任和不值得信任的人，并决定自己可以做出什么样的改变，让自己变得更值得信任。

“观察现在：建立信任”表格旨在帮助你分析信任和缺乏信任的情况。你可以在看电影、看表演或看书时使用这张表格。和本书中的许多其他反思表格一样，这张表格可以单独一个人使用，也可以与一组人一起使用，与一组人一起使用时会特别有趣。

你可以用“展望未来：建立信任”表格帮助自己计划培养影响信任的要素——品格、可靠性、能力、友好和管家角色。

小　结

任何健康的组织或人际关系都必须建立在信任的基础之上，有些图书的作者对信任有不同的定义。我们确定了5个要素。

- **品格。**当我们知道某个人不会伤害我们时，我们才会信任他。因此，为了建立信任，我们必须保持诚实和透明。当我们隐瞒信息或撒谎时，我们就证明了我们不值得信任。

- **可靠性。**当我们说到做到时，人们会信任我们。因此，我们必须小心不要过度承诺。我们可以通过适度承诺和超额交付、勇敢说“不”和进行组织仪式来留出足够的时间来认真踏实地做我们需要做的事情。

- **能力。**除非我们能兑现承诺，否则承诺就没有多大的意义，信任是增加还是减少取决于我们的工作做得如何。我们可以通过发展技能、学习知识或变得可信来提高我们的能力。

- **友好。**另一种促使他人感到安全和信任我们的方法是展现友好。我们可以通过真诚地倾听，表现出同理心，分享积极的信息，并表现出脆弱来展现友好。

- **管家角色。**人们越关注自己，我们就会越不信任他们。反之，人们越是致力于为他人服务，我们就会越信任他们。对他人的真正关注，我们沟通的方式，我们把功劳归功于他人的方式，以及关心他人的简单事实可以体现一个人的管家能力。

深入阅读

梅根·坦申恩–莫兰的《信任很重要：领导成功的学校》为任何有兴趣在学校建立信任的人提供了极好的信息。坦申恩–莫兰介绍了一些案例，提到了最近的研究，并提供了一套全面的定义和策略，可以帮助任何人在学校和家庭中建立信任。这本书与安东尼·布雷克（Anthony Bryk）和芭芭拉·施耐德（Barbara Schneider）合著的《学校中的信任：改进的核心资源》（*Trust in Schools: A Core Resource for Improvement*）一起为如今许多关于教育信任的著作奠定了基础。

亨利·克劳德的《正直：满足现实要求的勇气》是一本睿智的书，它为如何建立信任提供了极好的建议，尤其是如果你处于领导地位的话。克劳德的书还探讨了正直领导者所必须具备的其他5个性格维度。我在进行其他方面的写作时，回顾了这本书好几次，发现它是睿智和有帮助的。

史蒂芬·柯维的《信任的速度》是关于本章主题的经典著作。柯维博士的书对解释和定义信任很有帮助，而且我保证，如果你读了柯维关于13种信任行为的论述，你会在如何变得更值得信任方面学到很多。

回顾过去

建立信任

你真正信任的人是谁？是什么让他们值得信任？

你不信任谁？是什么让他们不值得信任？

根据你上面所说的，你认为你应该做些什么来让自己变得更值得信任？

观 察 现 在

建立信任

当你在观看电影或电视节目，或阅读小说，发现其中有值得信任的角色和不值得信任的角色时，使用这张表格。

列出电影制作人或作者对值得信任和不值得信任的角色的所有描写方式。

值得信任的角色	不值得信任的角色

根据你在电影、书或节目中所看到的，你认为你应该做些什么改变来让别人觉得你更值得信任?

展望未来

建立信任

用这张表格来思考影响信任的要素——品格、可靠性、能力、友好和管家角色。找出你可以做出的会让自己变得更值得信任的改变。

品　格

你能做到诚实、透明、不评判吗？为了让自己变得更值得信任，你是否需要做出改变？

可靠性

你可以增加哪些组织仪式和边界，或者放弃哪些活动，让自己变得更可靠？

能　力

如何提高你所分享内容的有用性？你需要变得更专注还是描述得更准确？你需要增加你的知识深度吗？

友　好

你需要在展现同理心、倾听、成为好事的见证者，或为了促进信任而表现出脆弱这些方面做得更好吗？

管家角色

为了做到更少关心自己，更多关心别人，你是否需要改变你对生活的看法？

ACKNOWLEDGEMENT

致 谢

每一本书的诞生，除了作者，还需要很多人的努力，但毫无疑问，这本书涉及了有史以来最庞大的团队。我深深地感谢所有帮助我写成这本书的人。

我比任何人都要感谢我的妻子珍妮，在我写这本书的时候，她给了我最大的支持。珍妮不知疲倦地把全书逐词读了很多遍，给了我很好的反馈，她把书的很多部分合并到了一起，帮我设计表格，审查每个副本，并完成了她自己的编辑工作。在撰写本书的整个过程中，珍妮都是一个很好的合作伙伴，甚至在我很多次没能遵守我自己描述的习惯时，她也默默地接受了一切。珍，我爱你胜过一切。你是我最喜欢的沟通伙伴，我喜欢和你一起写这本书的过程。

我要感谢我的父母琼和道格·奈特，是他们培养了我对学习的热爱，这种热爱至今仍在蓬勃发展。我深深地感谢我的孩子杰夫、卡梅伦、戴维、埃米莉、本、以赛亚和卢克，感谢你们在我一次又一次地违背本书描述的策略时仍然陪在我身边。当我看到你们在世界各地所做的优秀工作时，我感到惊叹，内心满是自豪。

影响研究实验室的许多顾问为我提供了巨大的帮助。卡罗尔·哈顿（Carol Hatton）于2010年组织了第一次研究，并帮助我完成了2015年的研究，同时为我完成了无数个别的任务。德沃纳·敦刻尔克（Devona Dunekack）组织、收集并分析了2015年的研究数据，她常帮我做调查、设计表格，以及回顾我们为这个项目收集的1 000多张反思表格。玛丽莲·拉格尔斯（Marilyn Ruggles）帮助我分析和组织数据，浏览书籍和文献，进行采访，打印，以及完成许多其他的任务。杰基·谢弗（Jackie Schafer）和斯泰西·布莱克曼（Stacey Blakeman）临时接下了本书的编辑工作，对本书进行了加工，让读者更容易阅读。柯尔斯滕·麦克布莱德（Kirsten McBride）对我写的每本书都做过改进，这次她非常仔细地校对了文本。我还要感谢克林顿·卡尔森（Clinton Carlson），她为本书设计了封面。克林特，你的才华一直令我感到惊叹。

教学辅导小组的露丝·里松（Ruth Ryschon）和布鲁克·迪顿（Brooke Deaton）确保了我们所做的咨询工作顺利进行。

我在科文（Corwin）出版社的朋友帮了我很大的忙。丹·阿尔珀特（Dan Alpert）担任我的编辑已经快10年了，我非常感谢他的智慧、耐心、洞察和反馈。梅拉妮·伯索尔（Melanie Birdsall）是一位出色的专业人士，她的工作令人惊叹，让我深受鼓舞。我也非常感谢出版社的其他合作伙伴，他们是迈克·苏莱斯（Mike Soules）、克里斯廷·安德森（Kristin Anderson）、马扬·麦克德莫特（Mayan McDermott）、斯蒂芬妮·特尔凯（Stephanie Trkay）、莫妮克·科里多里（Monique Corridori）和泰伦·威廉斯（Taryn Williams）。

我非常感谢堪萨斯大学学习研究中心的主任迈克·霍克，我的同事艾尔玛·布拉瑟尔–霍克（Irma Brasseur–Hock）和简·布尔格伦（Jan Bulgren），以及我的导师唐·德什勒、马蒂·埃尔福德（Marti Elford）和琼·休梅克（Jean Schumaker）。

最后，我甚至难以形容我有多么感激参与我们的“更好的沟通的习惯与信念”全球研究的那么多志愿者。来自世界各地的大约200个人花了几个小时的时间观看自己的视频，填写反思表格，并与我们的团队沟通。你们的故事触动了我，激励了我，让我明白，努力尝试进行更好的沟通是值得的。

最后，我在大部分时间里都是一边听音乐，一边写作本书的，我会听迈尔斯·戴维斯和比尔·艾文斯（Bill Evans）的音乐，尤其是迈尔斯·戴维斯于1956年5月的一个周末录制的第一张知名四重奏专辑，以及比尔·艾文斯的《前卫村现场全记录》（*Complete Live at the Village Vanguard*），这张专辑令人惊叹，现在已经成为我写作时最喜欢听的音乐专辑。

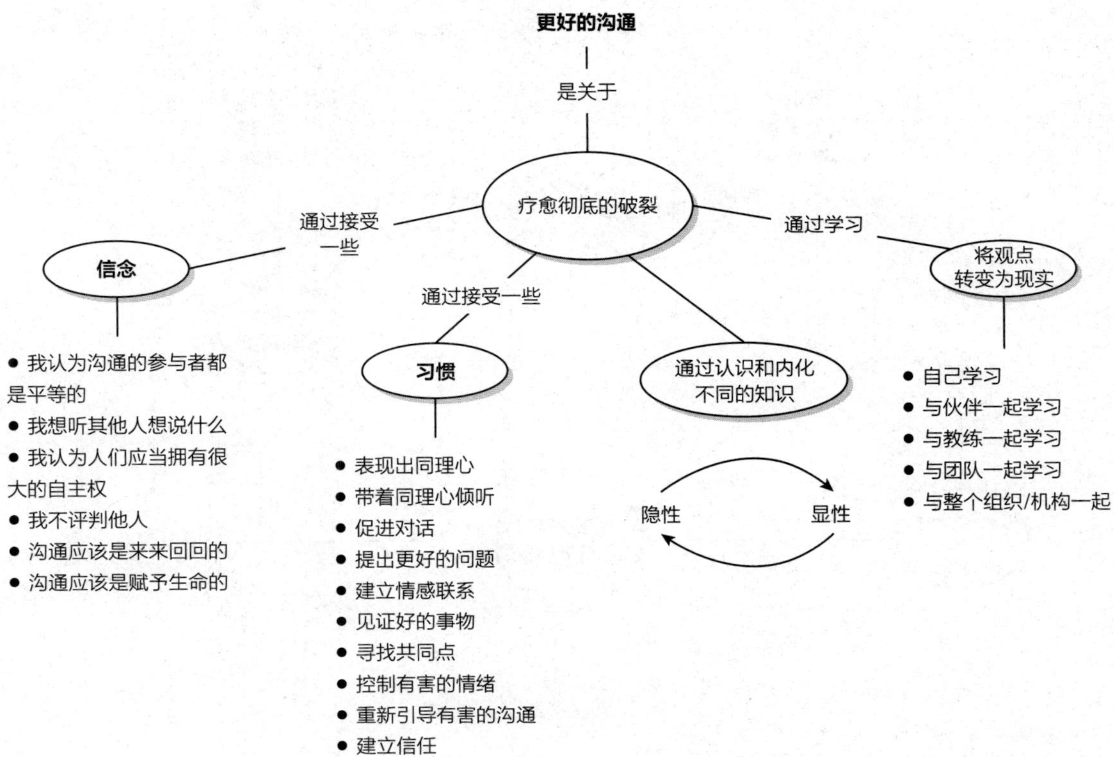
更好的沟通
是关于
疗愈彻底的破裂
通过接受一些
信念
我认为沟通的参与者都是平等的
我想听其他人想说什么
我认为人们应当拥有很大的自主权
我不评判他人
沟通应该是来来回回的
沟通应该是赋予生命的
通过接受一些
习惯
表现出同理心
带着同理心倾听
促进对话
提出更好的问题
建立情感联系
见证好的事物
寻找共同点
控制有害的情绪
重新引导有害的沟通
建立信任
通过认识和内化不同的知识
隐性
显性
通过学习
将观点转变为现实
自己学习
与伙伴一起学习
与教练一起学习
与团队一起学习
与整个组织/机构一起

更好的沟通的信念

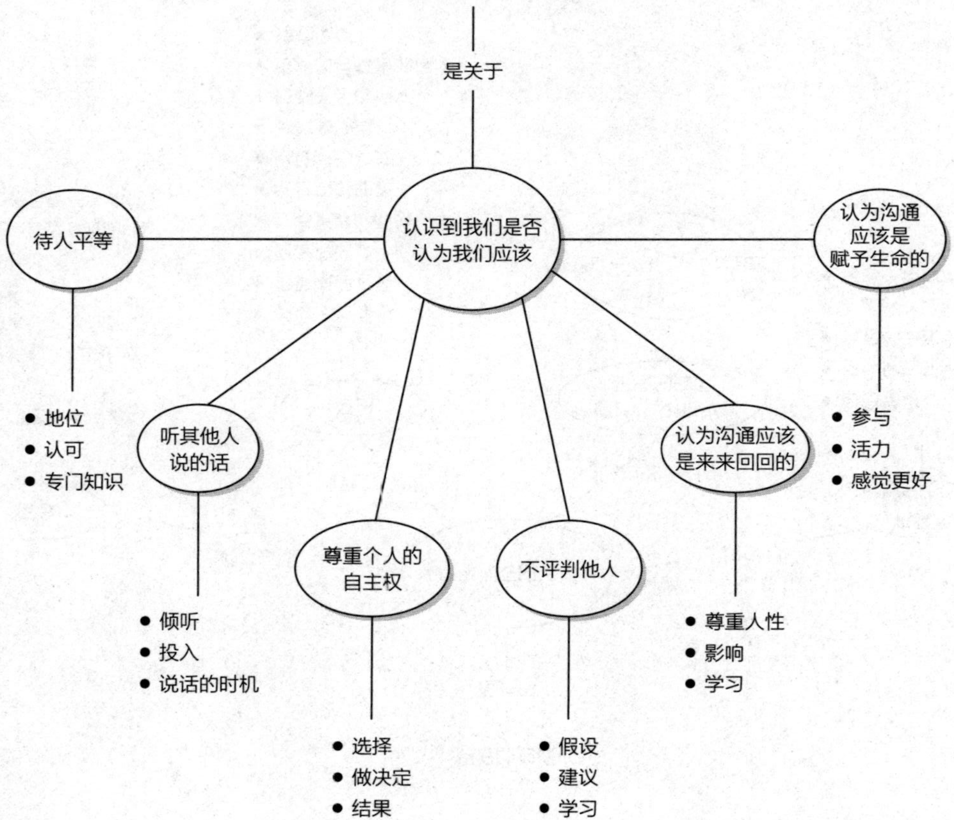
是关于
认识到我们是否认为我们应该
待人平等
地位
认可
专门知识
听其他人说的话
倾听
投入
说话的时机
尊重个人的自主权
选择
做决定
结果
不评判他人
假设
建议
学习
认为沟通应该是来来回回的
尊重人性
影响
学习
认为沟通应该是赋予生命的
参与
活力
感觉更好